푸른 연꽃
일연

역사를 바꾼 인물 · 인물을 키운 역사

푸른 연꽃
일연

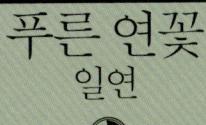

역사 · 인물 편찬 위원회 엮음

역사디딤돌

머리말

"뒷날에 돌아오면 다시 여러분과 거듭 한바탕 흥겹게 놀겠다."

일연이 열반에 들기 전에 남긴 마지막 말이다.

몽골의 고려 복속 정책이 급속도로 진행되던 13세기 말, 몽골의 잦은 침략은 고려의 땅과 백성들만 짓밟은 게 아니었다. 면면이 이어 오던 한반도의 역사까지도 말살시키려 했다. 오랜 전쟁으로 백성들은 민족의 자긍심을 잃은 지 오래였고, 우리의 역사와 문화에 대해 새로운 기반을 마련하는 것이 무엇보다 절실했다.

소걸음에 호랑이 눈빛을 지녔던 일연은 1227년에 승과의 선불장에 응시하여 장원을 했다. 그리고 몽골의 침략이 한창 진행되고 있을 때, 조정으로부터 삼중대사의 승계를 받고 선사에 올랐다. 1249년에는 남해의 정림사로 옮겨 가 대장경 주조 작업에 참여했을 것으로 짐작되기도 한다.

일연은 항상 참선과 수행 정진에 몰두하면서 고해에 빠진 중생을 구제할 빛을 찾았다.

'중생의 세계는 줄어들지 않고 부처의 세계는 늘어나지 않는다.'

일연은 이 화두를 붙들고 함구한 지 20년, 홀연히 깨달음을 얻었다.

"내가 오늘 삼계(욕계〔欲界〕·색계〔色界〕·무색계〔無色界〕)가 헛된 꿈과 같고, 대지에 티끌만큼의 걸림이 없음을 알게 되었노라."

일연은 이렇게 깨달은 큰 빛으로 도탄에 빠진 중생을 구제할 방법을 비로소 찾아냈다. 그것이 바로 『삼국유사』였다.

만약 일연의 『삼국유사』가 없었다면 우리 민족의 자주적인 역사와 독특한 문화는 영영 사라지고 말았을 것이다. 오직 중국에 대한 사대 모화 사상이 만연하여 배달겨레는 존재하지 못했을 것이다.

일연의 『삼국유사』는 5권 9편 144항목으로 이뤄져 있다. 이 책의 체제는 어떤 책에서도 찾아볼 수 없을 만큼 특이한 형식으로 이뤄져 있기 때문에, 자칫 잘못하면 설화집이나 민담집 정도로 낮게 평가될 수 있었다. 그러나 『삼국유사』는 엄연한 역사서다. 그 무렵에 이미 김부식의 『삼국사기』가 있었기 때문에 일연은 『삼국사기』를 인정하고, 『삼국사기』에서 미처 담아내지 못한 내용을 후세에 전달하여 민족성을 고취하려 했다.

그 중에서도 특히 고조선에 관한 서술은 한국의 반만년 역사를 내세울 수 있게 하고, 단군 신화는 단군을 국조로 받드는 근거를 제시하여 주는 기록이다. 이 밖에도 많은 전설과 신화가 수록된 설화 문화의 집대성이라고도 일컬어질 만하다. 특히 향찰로 표기된 혜성가 등 14수의 신라 향가는 『균여전』에 수록된 11수와 함께 현재까지 전해 내려오는 것으로, 한국 고대 문학사의 실증에 있어서도 절대 가치를 지녔다.

『삼국유사』가 편찬된 지 이미 7백 년의 세월이 훌쩍 넘었다. 하지만 『삼국유사』는 세월이 흐를수록 한국 고대의 역사·지리·문화·종교·언어·민속·사상·미술·고고학 등 많은 부분에 나침반 역할을 하고 있는, 우리의 값진 유산이 되었다.

일연은 민족 사학의 기틀을 마련한 역사가였고, 시가에 능한 문학가였으며, 팔만대장경을 다시금 제조하는 데 큰 힘이 된, 영원한 큰스님이었다.

푸른 연꽃
일연

차
례

칼 앞에 숨죽인 고려…**12**

소걸음에 호랑이 눈빛을 가진 아이…**38**

일연의 뛰어난 설법…**55**

바람 앞의 촛불 같은 고려의 운명…**74**

일연과 정안의 만남…**92**

무신들의 몰락과 서서히 되살아나는 왕권…**108**

원나라의 부마 신세인 충렬왕의 근심…**124**

『삼국유사』의 탄생…**144**

푸른 연꽃
-일연-

『삼국유사』를 지어 우리 나라 고대 역사를 집대성한 고려의 승려

(1206~1289)

일연은 아홉 살에 무량사에 들어가 학문을 닦았고, 1219년에 설악산 진전사에 들어가 대웅 선사 밑에서 참선을 통해 승려가 되었다.
그 뒤에 불경을 연구하여 1227년에 승과에 급제하였다.
1236년에 몽골의 침입으로 그 피해가 전라도 고부 지방까지 미쳤을 때, 문수보살에게 기도하자 문수보살이 나타나 '무주에 거하라'는 계시를 내렸다.
이듬해에 나라에서 삼중대사라는 승계(승려의 계급)를 내렸고, 1246년에 선사, 1259년에는 대선사라는 승계를 내렸다. 1231년에 몽골이 침략해 오자 남쪽에 있는 포산과 남해 등지에서 전쟁을 피해 수도하다가, 1249년에는 남해의 정림사로 옮겨 가 대장경 주조 작업에 참여했다. 1261년에 원종의 부름을 받고 강화도로 들어갔다. 강화도 선월사에 머물며 불경을 가르쳤고, 지눌의 법통을 이었다.
늙은 어머니를 모시기 위해 고향으로 내려갔다가 그 이듬해에 경상북도 군위의 인각사를 다시 세웠다. 1281년, 청도 운문사에서 『삼국유사』를 쓰기 시작해 1283년에 완성했다. 『삼국유사』는 고조선·부여·가야의 역사를 비롯해 신화와 설화, 옛 승려들의 활동 및 향가를 집대성한 것으로 우리 나라 고대 역사와 문학 연구에 귀중한 자료며, 건국 신화인 '단군 신화'를 최초로 기록한 책이다.

칼 앞에 숨죽인 고려

일연은 1206년(희종 2)에 경산현(지금의 경산)에서 김언필의 아들로 태어났다.

경산현은 압량소국이었는데 현종 때에는 경주에 소속시켰다가 충선왕 초년에 경산으로 고쳤으며, 충숙왕이 일연 국사의 고향이라 해서 다시 현으로 승격시켰다. 김언필은 지방 향리 출신이었는데, 나중에 좌복야로 추증되었다.

김언필의 아내인 이씨는 하늘의 해가 지붕을 뚫고 들어와서 배를 환히 비추는 꿈을 사흘 동안이나 꾸었다.
"아무래도 태몽이 분명하구나. 우리 집에 큰 인물이 태어날 모양이야."

김언필은 부인의 꿈 이야기를 듣고 몹시 기뻐했다. 그리고 열 달 후, 아기가 태어났다. 남자 아기였다.

"너는 밝은 해를 보고 태어났으니 이름을 견명이라고 해야겠구나."

견명은 어려서부터 퍽 영특했다. 학문에 대한 욕심이 많았고, 생각이 깊은 아이였다.

특히 견명은 스님을 좋아했다. 마을에 스님이 탁발하러 나타나면 그 뒤를 졸졸 따라다니고는 했다.

"아무래도 저 녀석은 나중에 승려가 될 모양이야."

"그러게요. 스님만 보면 넋을 잃고 따라다니며 염불 소리를 흉내 내고는 해요."

"하긴 지금처럼 나라가 어지러울수록 백성들을 이끌 큰 스님이 필요하지. 저 애는 나중에 분명히 이 나라를 밝게 비출 큰 인물이 될 거야."

마을 사람들은 어린아이답지 않게 의젓한 견명을 눈여겨

보았다.

견명은 인물이 뛰어났다고 한다. 살찐 두 볼에 입은 단아했고, 걸음걸이는 소처럼 천천히, 그러나 힘이 있었다. 눈은 범의 눈처럼 빛났으며, 어려서부터 세속을 떠나 중이 되려는 결심을 품었다고 전해진다.

어느 날, 어린 견명은 죽은 새를 앞에 두고 눈물을 흘리며 슬퍼했다.
"견명아, 왜 울고 있느냐?"
아버지가 물었다.
"죽은 새가 불쌍해서요."
"우리 견명인 참으로 인정이 많구나."
"그런데 왜 새가 죽었을까요?"
"병이 들거나 수명이 다해서겠지."
"새처럼 사람도 병이 들거나 수명이 다하면 죽나요?"

신흥사(설악산)
『고기』에 자장이 637년(선덕여왕 6)에 왕명으로 당나라에서 불도를 닦고 귀국하여 건립한 사찰이라고도 전한다.

"생명이 있는 것은 반드시 죽는 날이 있게 마련이란다."

그렇게 말해준 아버지는 일찍 세상을 떴다. 그래서 견명은 홀어머니 밑에서 자라야 했다. 그리고 광주 무량사에 취학한 것은 견명의 나이 아홉 살 때였다. 견명은 승려가 되기 위해 무량사로 들어간 것은 아니었다. 그 당시에 사찰은 공부방 역할을 하였고, 어머니는 어릴 적부터 남달리

영특한 견명을 사찰로 보내어 공부를 시키려 했던 것이다.

고려 말의 학자인 이제현은 무신의 난 이후에 문인과 학자들이 많이 죽자 산 사람마저 절로 도망을 갔기 때문에, 자녀 교육을 시키려면 부득이 절에 보낼 수밖에 없었다고 기록해 놓았다. 그만큼 학문에 뜻이 있어도 쉽게 공부를 할 수 없는 게 그 무렵의 상황이었을 것이다.

그 무렵에 고려의 사정은 한 치 앞을 내다볼 수 없을 정도로 혼란스러웠다. 이자겸의 난은 묘청의 난을 불러왔고, 묘청의 난으로 수많은 무신들이 문신 관료들에 의해 죽음을 당했다. 문신의 괄시에 치를 떨던 무신들은 그들을 제거할 기회만을 엿보았고, 마침내 이의방과 이의민, 정중부 등이 문신 관료들을 대부분 없앰으로써 고려는 무신 천국이 되었다. 그 뒤에 무신들이 서로 죽고 죽이는 정변이 끝없이 이어졌고, 마지막으로 세력을 잡은 사람은 최충헌이었다.

　비록 정적인 이의민 세력을 몰아냈지만, 그렇다고 최충헌이 정권을 완전히 장악한 것은 아니었다. 무신들 중에는 최충헌에 대한 불만이 많은 세력도 있었다.

　"최충헌은 정중부가 문신들을 싹 쓸어 버릴 때에 아무런 공헌도 하지 않았어. 그런데 어째서 그자가 정권을 탈취한단 말인가?"

　"더 늦기 전에 최충헌 무리를 없애고 정권을 차지해야 한다!"

　최충헌도 반대 세력의 음모를 잘 알고 있었다. 언제 칼이 날아들어 자신의 목을 칠지 늘 전전긍긍해야만 했다. 그러다 동생인 최충수, 조카인 박진재와 함께 명종(고려 제19대)을 몰아내기로 했다.

　"우리가 이의민을 죽이고 거사를 한 지 일 년이 다되었지만, 아직 조정의 권력을 손아귀에 넣은 것은 아닙니다."

　"임금이 두둔하고 있는 세력이 바로 우리를 반대하는 세력이기 때문이지요."

"임금은 우리를 견제하기 위해서라도 수단 방법을 가리지 않고 우리의 정적을 감싸려 할 것이다. 그렇다면 도리 없이 왕을 폐위시켜야 한다."

"그렇다면 누구를 왕으로 앉히면 좋을까요?"

"종친 중에 왕진이라는 자가 있는데, 머리가 총명하고 도량이 넓을 뿐 아니라 이미 『사기』에 통달했다고 합니다. 임금으로 삼는다면 틀림없이 고려를 중흥시킬 것입니다."

최충수는 왕진을 새로운 왕으로 추천했다. 그러나 최충헌은 생각이 달랐다.

"내 생각에는 왕진보다는 지금 임금의 동생인 평량공 왕민이 적임자 같구나. 지략이 넓고 도량이 커서 제왕다운 인품을 지닌 데다 그의 아들인 왕연도 총명하고 학문을 좋아한다고 하니, 태자로 삼기에 부족함이 없어 보인다."

최충수가 왕진을 임금 자리에 앉히려고 한 데는 이유가 있었다고 한다. 『고려사』에는 '왕진의 여종을 최충수가 사랑하였기 때문이다'라고 기록해 놓았다.

최충헌은 이미 최충수가 왕진의 여종을 좋아하고 있다는 사실을 알고 있었기 때문에, 그 의견을 받아들이지 않았을 것으로 보인다.

최충헌과 최충수의 말을 듣고 있던 박진재가 나섰다.
"왕진과 왕민, 모두 왕의 자격으로 부족함이 없는 자들입니다. 그렇지만 우리가 왕으로 내세워도 금나라에서 책봉을 받지 못한다면 아무 소용이 없습니다. 금나라에서는 왕진이 누구인지 전혀 모르고 있습니다. 만일 왕진을 왕으로 내세우면 반드시 왕위를 찬탈했다는 오해를 받게 될 것이고, 자칫 잘못하면 이 일을 핑계 삼아 고려를 공격해 올 수도 있는 문제입니다. 우리 고려에는 오래 전부터 왕의 동생이 왕위를 이어받은 전례가 있습니다. 그러니 왕민을 임금으로 세운다면 후환이 없을 것입니다."

신흥사 불상

박진재는 최충헌의 의견에 찬성했고, 결국 명종의 동생인 왕민을 새로운 왕으로 추대하는 데 뜻을 모았다.

명종은 1170년에 일어난 무신의 난 이후에 왕위에 올랐다. 그런 만큼 무신들의 지지를 기반으로 삼아 왕권을 유지하고 있었기 때문에, 최충헌으로서는 명종을 폐위하고 새 임금을 추대할 필요가 있었을 것이다. 이의방과 정중부, 이의민 모두 명종을 구심점으로 정권을 유지했다. 그러므로 그때까지도 남아 있던 최충헌의 반대 세력은 명종을 중심으로 출세를 한 세력이었다. 그래서 최충헌의 처지로서는 명종 폐위가 무엇보다 필요했을 것이다.

마침내 최충헌은 명종을 폐위시키기 위한 작전을 폈다.

"왕의 측근이 아무도 도망가지 못하도록 성문을 단단히 닫아걸어라!"

최충헌, 최충수, 박진재, 노석승, 김약진 등은 군대를 이끌고 궁궐을 장악했다. 그리고 명종의 측근인 조정 대신들을 닥치는 대로 잡아들여 유배를 보냈다. 그 중에는 최충헌을 도와 이의민 세력을 축출하는 데 앞장섰던 두경승도 끼어 있었다.

"두경승은 이의민이 정권을 잡고 있던 시절에, 주먹으로 벽을 치면서 서로 완력을 견주었을 정도로 그를 싫어했습니다. 또한 이의민을 축출하고 나서는 최고위직인 종1품 중서령으로 임명하셨는데, 불과 일 년도 되지 않아 귀양을 보내는 이유를 모르겠습니다."

최충헌의 측근들은 두경승의 귀양을 이해하지 못했다.

"하나만 알고 둘은 모르는구나. 두경승이 누구냐? 이의민이 세력을 자랑하니까 그 자리에서 주먹으로 벽을 치며

힘자랑을 했을 정도로 성격이 강한 무인이다. 이의민의 세력에 속해 있었지만, 이의민이 가장 두려워했던 인물이기도 하다. 내가 두경승을 제일 먼저 포섭한 것도, 그가 이의민을 달갑게 여기지 않는다는 것을 잘 알고 있었기 때문이다. 두경승은 나를 이 자리에 오르게 한 공을 인정받아 제일 높은 벼슬자리에 앉아 있다. 그러나 언젠가는 자신의 지위를 이용해 나를 압박할 가능성이 크질 않겠느냐."

두경승은 훗날, 최충헌과 최충수 형제의 난이 벌어진 뒤, 지금의 영종도에 해당하는 자연도에서 숨을 거두었다.

〈열전 편〉'두경승전'에 따르면 '전주 만경현 출신인 두경승은 무신의 난 때, 무관들 중에 남의 재물을 약탈하는 자들이 많았으나 그만이 홀로 털끝만큼도 범하지 않았다'고 기록하고 있다.

그런 꼿꼿한 성격 때문에 아마도 무신의 난 이후 최충헌 정권 이전까지 고위직에 군림할 수 있었을 것으로 보인다. 두경승은 유배살이를 하면서 몹시 분노했던 모양이다.

『고려사절요』에는 두경승의 죽음을 이렇게 기록해 놓았다.

'그는 몹시 분하게 여겨서 자연도에서 피를 토하고 죽었다.'

명종의 측근과 반대 세력을 모조리 없앤 최충헌은 마침내 명종에게 궁궐을 나가라고 통고했다.

"이젠 임금이 아니니 호위병이나 시종을 딸려 보낼 필요는 없다. 말 한 필을 주어 궁궐에서 내보내도록 하라. 폐왕이 성문을 나오거든 창락궁에 감금하고 엄중히 감시하도록 해라!"

"태자도 궁에서 내쫓아라!"

북쪽 궁에 있던 태자는 주룩주룩 내리는 비를 다 맞으며 역마(驛馬)에 태워져 강화도로 추방되었다.

그렇게 해서 명종의 동생인 왕민이 새로이 왕위에 올랐다. 그가 고려 제20대 신종이다.

최충헌에 의해 명종이 쫓겨난 사건에 대해 역사를 기록했던 고려의 사신(史臣)은 이런 논평을 덧붙여 놓았다.

'정중부, 이의방, 이의민 등이 의종을 시해하고 국가의 권력을 마음대로 부렸으니, 명종으로서는 마땅히 마음속으로 굳은 맹세를 하고 스스로 힘을 써서 적을 토멸했어야 했다. 경대승이 의병을 일으켜 하루아침에 정중부 부자를 여우와 토끼를 사냥하듯 죽이자 이의민이 쥐처럼 달아나 시골에 숨어서 목숨만을 부지했는데, 이때야말로 기강을 세워서 왕실을 다시 떨칠 수 있는 시기였음에도 명종은 안일에 만족하고 말았다. 이의민과 같은 자는 다만 한 필부에 불과하니 사람을 보내서 왕을 시해한 죄를 들춰내어 목을 베는 것이 옳을 일인데도 도리어 그를 불러올려서 작위를 올려줌으로써 그로 하여금 왕실을 업신여기고 조신을 살해하며 벼슬을 팔고 나라의 정치를 어지럽히게 하였으니 그로 인한 화가 어찌 참혹하지 않으리오. 최충헌이 이 틈을 타서 일어남으로써 명종은 도리어 추방당하고, 자손도 보존하지 못하게 되었

다.'

하지만, 역사 학자들은 고려 사신의 기록에 대해 다른 의견을 내놓기도 한다. 경대승은 무신 세상을 접고 예전처럼 왕정 시대로 돌아가야 된다고 주장한 인물이었다.

그래서 명종이 가장 두려워한 사람도 경대승이었다고 한다. 왜냐하면 명종은 무신의 난으로 왕위에 올랐기 때문이다. 그런데 또 다른 무신이 나타나서 무신의 난을 비판하며 예전으로 돌아가려 한다면 명종은 당연히 폐위될 수밖에 없었다는 것이다. 그래서 명종은 자신의 보위를 유지하기 위해서는 무신의 난과 관련이 있는 인물이 집권을 하는 것이 유리하다고 판단하고 이의민을 불러들였다고 짐작하기도 한다.

또한, 무신들이 권력 쟁탈전을 벌이는 그 와중에 왕권을 강화한다는 것은 현실적으로 불가능한 일이었다고 보기도 한다.

그런데 최충헌이 신종을 추대하여 왕위에 앉히자, 측근 세력은 다소 의아하게 여겼다.

"아니, 그 정도의 힘이라면 얼마든지 왕위에 오르실 수 있는데 어찌하여 왕씨를 다시 왕으로 삼으셨습니까?"

"이제는 최씨가 왕위에 오른다고 해도 이상할 일이 아닙니다."

"차라리 왕위에 올라 반대 세력이 감히 근접하지 못하도록 하는 것도 한 방법입니다."

그럴 때마다 최충헌은 고개를 저었다.

"왕은 아무나 하는 것이 아니다. 하늘에서 내려 준 사람만이 하는 것이다!"

그러나 최충헌도 왕위에 대한 욕심이 전혀 없는 것은 아니었다.

"이의방, 정중부, 이의민은 칼의 힘만 믿고 정권을 휘어잡았다. 그들은 미천한 집안에서 태어났지만, 운이 좋아 그 자리에까지 올라 나라를 쥐락펴락했다. 그렇지만 나는 다르다. 나를 여기까지 오게 한 세력은 모두 내로라하는 가문 출신들이다. 그들은 변화를 싫어하기에, 만약 내가

설악산 울산바위

왕이 되려고 한다면 제일 먼저 나를 제거하려 할 것이다."

 최충헌은 만일 자신이 왕위에 오른다면, 그 때부터 엄청난 힘과 맞서 싸워야 할 것이고, 제아무리 권력이 강해도 왕의 권위를 인정받지 못한다면, 왕위를 지킬 수 없다는 것을 잘 알고 있었다.

 "뭐 하러 골치 아프게 왕의 자리에 오른단 말인가. 내 손아귀에 정권이 다 있고, 왕도 마음대로 갈아 치울 수 있으니 왕보다 더 위에 있는 것이나 다를 바 없지 않은가."

학자들은 고려의 한 신하에 불과했던 이성계가, 위화도 회군 이후에 세력을 구축하여 스스로 왕위에 올라 조선 왕조를 개창했던 것과 모든 권력을 다 차지하고도 왕위에 오르지 못했던 최충헌을 비교하기도 한다.

정도전은 이성계의 조선 창업을 뒷받침하기 위해 맹자의 역성 혁명론을 앞세웠다. '아무리 군주라 해도 덕을 잃고 어질지 못하면 대체할 수 있다'는 유교의 혁명론으로, 이성계가 고려 왕조를 뒤엎고 조선 왕조를 개창했던 것이다.

하지만 최충헌이 정권을 차지하고 있던 그 무렵에는 고려 사회가 유교의 혁명론을 이해할 정도로 성장해 있지 않았다. 결국 최충헌은 왕권을 능가하는 권력을 쥐고 있었지만, 무신이 왕조를 개창하여 임금 자리에 오르는 것을 받아들일 수 있는 사회적인 분위기가 되어 있지 않았던 것이다.

최충헌은 신종을 추대한 뒤에 비로소 모든 세력을 장악했지만, 그를 못마땅하게 여기는 사람이 있었다. 바로 그의 동생 최충수였다.

최충수는 문객(주인에게 충성을 바치면서 자신들이 모시는 주군이 권력을 잡았을 경우 벼슬을 얻기를 바라는 그런 성격의 세력)들을 많이 불러들였다. 몰려든 문객들은 그를 볼 때마다 은근히 부추기고는 했다.

"한 숲에 호랑이가 둘이 있을 수는 없는 일입니다."

"이의민을 제거하는 데 가장 먼저 앞장선 사람이 누구입니까? 공을 다 쌓아놓고 왜 뒷전으로 물러나 세월만 보내시는지 모르겠습니다."

"천하가 바로 내 손끝에 있으니 사나이라면 배짱 좋게 칼을 휘둘러 천하를 손에 쥐는 것이 옳지 않겠습니까?"

문객들은 이의민 제거를 처음으로 제안한 사람은 최충수였는데, 정작 정권을 장악한 사람은 최충헌이라는 사실을 들춰가며 반란을 부추겼다.

그들은 최충수가 정권을 잡아야만 자신들이 관직에 나갈 수 있었다.

"좋다. 내가 왜 형님 그늘에서 살아야 된단 말이냐? 내가 형보다 권세가 높아지려면 외척이 되어 세를 굳히면 된다."

마침내 최충수는 자신의 딸을 태자비로 들여보내기로 결심을 했다. 그런데 그 사실을 알게 된 최충헌이 충수를 말렸다.

"지금 우리 형제의 세력이 한 나라를 좌지우지하고 있지만, 본래 우리 가계가 미천하다는 사실을 너도 잘 알고 있을 것이다. 만약 딸을 태자비로 들여보낸다면 사람들이 얼마나 많은 비난을 퍼부을지 생각해 보았느냐? 게다가 태자와 태자비는 여러 해 동안 부부로 살아왔는데, 하루아침에 생이별하게 한다면 그것이 어찌 사람이 할 짓이겠느냐?"

그러나 최충수는 끝내 자신의 뜻을 접지 않았다. 그러자 그의 어머니가 크게 걱정을 했다.

"네가 형의 말을 따르지 않는다면, 이 어미 마음이 오죽하겠느냐. 이제라도 형의 말대로 하는 것이 어떻겠느냐?"

"왜 남자 하는 일을 두고 이래라저래라 하는 것입니까?"

최충수는 화를 내며 어머니를 밀쳤다. 그 바람에 어머니는 땅바닥에 넘어지고 말았다. 그 소식을 듣고 최충헌은 몹시 화를 냈다.

"불효보다 더 큰 죄는 없거늘 어머니 몸과 마음을 다치게 하다니! 이놈이 눈이 뒤집혔구나!"

최충헌은 수하들을 불러들였다.

"내일 아침에 최충수가 딸을 태자비로 들여 보낸다고 한다. 너희는 광화문에서 대기하고 있다가 충수의 딸이 도착하거든 절대로 통과시키지 마라!"

여기에서 광화문은 개경에 있었던 고려 황성의 정문으로서 당시 광화문 앞쪽이 개경에서 가장 번화가였던 것으로 짐작된다.

춘천 청평사 대웅전 현판
춘천 청평사 대웅전 현판. 대웅전은 현세불인 석가모니를 봉안하므로 사찰에서 중심을 이루는 건물이며 가장 중요한 곳으로 취급된다. '대웅'이라는 명칭은 『법화경』에서 석가모니를 위대한 영웅이라고 지칭한 데서 비롯되었다.

최충헌의 지시는 곧바로 최충수 귀에 들어갔다. 최충수는 크게 화를 냈다.

"왕도 내 말을 거절하지 못해서 태자비를 내쫓고 내 딸을 새로 태자비로 삼으려 하는데, 형만이 내 앞을 가로막는구나. 그렇다면 형의 무리를 모조리 없애고서라도 내 뜻을 이루고 말겠다!"

드디어 최충수는 최충헌과 무력으로 맞서 싸울 것을 결심했다.

"이놈이 기어이 죽음을 자초하는구나. 우리 가문을 위해서라도 충수의 행동은 반드시 막아야 한다!"

최충헌은 곧바로 군사를 이끌고 대궐로 향했다.

"최충수가 내일 아침에 난리를 피울 계획을 세워두고 있습니다. 제가 군사를 이끌고 사직을 보위하려 하니, 궁궐 문을 열어 주십시오."

최충헌의 말에 신종은 놀라서 궐문을 열게 했다. 그러자 여러 장군들이 앞 다투어 군사를 거느리고 달려와 그들과 합세했다.

"뭐라고! 형님이 대궐을 장악했어? 안 되겠구나. 어머니를 모시고 형님을 찾아뵙고 용서를 구하겠다!"

하지만, 최충수를 따르던 무리가 강력하게 반대하고 나섰다.

"저희가 공의 문하에 의탁한 것은 공이 세상을 뒤엎을 만한 힘과 기개를 지녔기 때문이었습니다. 그런데 어찌하여 겁을 먹고 비겁하게 항복하려 하십니까. 그렇게 되면 공은 살아남을 수 있을지 몰라도 우리는 떼죽음을 면치 못할 것입니다. 이미 칼을 뺐으니 죽든 살든 한번 싸워서 결판을 내야 하지 않겠습니까?"

 최충수를 따르던 무리들은 죽음이 두려워 최충헌과 맞설 것을 주장했다.

 결국 광화문에서 두 형제의 혈전이 시작되었다. 그리고 최충수는 최충헌의 부하에게 살해당했다.

 최충수는 외척이 되어 최충헌의 세력을 능가하려는 야망을 품었고, 최충헌은 그런 최충수를 용납할 수 없었을 것이다.

 최충헌은 동생을 죽이면서까지 그 혼인을 반대했지만, 자신은 강종(고려 제22대)의 딸을 부인으로 맞이하며 왕실과 결탁을 했다.

 당시 무신 권력자들은 자신의 세력을 강화하려는 방편으로 왕실과의 혼인을 이용했을 것으로 본다.

 형제의 난이 평정된 뒤에도 나라는 여전히 혼란스럽기만 했다.

그런데 최충헌의 세력이 정권을 장악하자 엉뚱한 사람이 반란을 꾀했다. 바로 최충헌의 노비 만적이었다.

1198년 5월, 만적은 개경의 북산으로 사동, 미조이, 연복, 성복, 소삼 등 여섯 명의 노비들을 불러모았다.

"경인년, 계사년(정중부, 이의민, 이의방의 무신의 난이 일어난 해) 이래 우리 나라에서는 천민과 노비가 들고일어나 고관대작이 되었다. 장상이 어찌 씨가 따로 있겠는가! 우리가 언제까지 육신을 혹사당하고, 매질 아래 시달려야 하는가!"

무신의 난 이후 고위 관리들 가운데 많은 수가 노비 출신이었다. 만적은 노비 모두 힘을 합쳐 양반을 없애고 권력을 장악하자고 주장했다.

"갑인일에 흥국사에 모여서 일제히 북을 치고 소리를 지르며 궁으로 몰려가 난을 일으킵시다! 그러면 궁 안에 있는 노비들이 들고일어날 것입니다. 안과 밖에서 호응하여 먼저 최충헌을 죽이고, 여러분의 상전을 모조리 쳐 죽입시다! 그런 뒤에 천인의 문적(노비 문서)을 불살라 버리면 우리도 고관대작이 될 수 있습니다!"

만적은 자신이 먼저 최충헌을 죽이겠다고 공언하며 다른 노비들에게도 자신을 따라 주인을 죽인 다음에 궁궐을 장악하자고 외쳤다.

만적의 난은 우리 역사에서 거의 유일한 노비들의 신분 해방 운동이었다고 보고 있다. 만적은 무신의 난 이후에 많은 노비들이 관직에 오르는 것을 보면서 자신도 그런 야망을 품었을 것으로 본다.

그러나 그 일은 사전에 발각되었고, 최충헌은 만적 등 백여 명을 체포하여 강물에 던져 버렸다.

그 뒤에 오랫동안 최충헌을 도와주었던 조카 박재건마저 축출되어, 고려 땅에서는 그와 맞설 세력은 남아 있지 않았다.

권력을 장악한 최충헌은 문관과 무관의 인사를 독점하기 위해 스스로 이부와 병부의 판사를 겸하고, 문하시중을 하면서 재상을 겸임했다. 게다가 어사대까지 장악하여 임명장에 서명하는 절차마저 자기 마음대로 할 수 있도록 했다. 그렇게 해서 최충헌은 1인 독주 체제를 구축할 기반을 완벽하게 마련했다.

소걸음에 호랑이 눈빛을 가진 아이

 최충헌이 숨을 거둔 것은 일연이 열세 살의 나이에 무량사로 들어가던 그 무렵이었다.

 최충헌의 뒤를 이어 그의 아들 최항이 다시 정권을 움켜쥐었지만 달라질 것은 아무것도 없었다. 백성은 여전히 도탄에 빠져 허덕이고 있었고, 여기저기서 전쟁이 터질지 모른다는 소문만 무성하게 떠돌았다.

 무량사로 옮긴 일연은 하루도 쉬지 않고 공부에 매달렸다. 무량사 스님들은 침착하고 위엄이 있는데다 소걸음에 호랑이 눈빛을 지닌 일연을 눈여겨 보았다. 일연은 뭔가 궁금한 점이 있으면 이해가 될 때까지 묻고 또 물었다. 또한 하나를 가르치면 열을 알 정도로 영특하고 총명했다.

"금은 보물을 손에 넣지 말라 하였는데 왜 그러한지요?"

"부처님이 살아 계실 때의 스님들은 밥도 짓지 아니하고 얻어먹었다. 부처님은 밥은 물론이고 옷과 집도 시주로 마련할 수 있으니 금은 보물은 손에 대지도 말라고 하셨다. 금은 보물을 멀리하여 몸과 마음을 깨끗이 닦으라는 뜻이 아니겠느냐?"

"그렇다면 밭에서 김을 매다가 발견한 금을 보고도 본체만체해야 합니까?"

"남의 물건은 작은 것도 탐하지 말아야 하거늘, 하물며 빈도라 자청하는 중이 재물을 모아서 무엇 한단 말이냐?"

"무슨 말씀인지 잘 알겠습니다. 다른 사람들의 가난한 형편을 늘 생각하여 항상 보시하며, 재물을 탐하지 말고, 나쁜 마음으로 장사하지 말고, 보물로 치장하지 말라는 부처님의 말씀을 항상 명심하겠습니다."

일연은 간혹 가부좌를 한 채 잠을 자기도 했다.

"어째서 누워 자지 않고 반듯하게 앉아서 잠을 자느냐?"

아미타불의 서방 극락세계
아미타불 또는 무량수불, 무량광불은 서방 극락세계에 머물며 설법을 한다는 부처로, 주로 정토종 불교에서 숭앙하는 구원불이다.

"누워 자는 것도 좋지만 이렇게 앉아서 잠을 자면 머릿속이 훨씬 더 맑아집니다."

"아무래도 너는 부처님의 제자가 되기 위해 태어난 것 같구나. 이제부터라도 불자의 길을 걷도록 해라."

무량사 승려들은 일연에게 한결같이 출가를 권했다.

일연은 열네 살이 되던 해에 설악산의 진전사에 들어가기로 마음을 굳혔다.

"진전사에 대해 알고 계신 것은 무엇이든 들려주십시오."

일연은 스님들에게 진전사에 대해 여러 가지를 물었다.

"진전사라면 지금으로부터 4백 년 전에 도의 선사께서 창건하신 사찰이란다."

"도의 선사께서는 어떤 분이셨습니까?"

"그분은 선덕여왕 5년에 당나라로 불경을 공부하기 위해 떠나셨던 분이다. 도의 선사께서는 그 무렵에 당나라에서 가장 유명했던 마조 도일 선사의 제자였던 서당 지장 선사의 문하에서 인가(스승이 제자의 공부가 경지에 이르렀음을 인정하는 것)를 받으셨단다. 그리고 유학을 마치고 37년 만에 다시 신라로 돌아오셔서 처음으로 우리 나라에 참선 수행을 뿌리내리게 하셨지. 도의 선사께서는 설악산 동쪽 기슭에 진전사를 창건했고, 염거 화상 · 체징 선사 등을 참선 수행을 통해 배출하셨다. 진전사에서 수행한 스님 중에 학일 스님 같은 국사도 나왔단다."

"진전사에서 공부하신 스님이 국사에 임명되셨다고요? 국사에 임명되면 나라에서 가장 높게 인정 받는 큰스님이 되는 건가요? 그럼 임금님도 뵐 수 있나요?"

"이놈이 아직 삭발도 하지 않은 주제에 잿밥 욕심부터 나는 모양이로구나."

"저도 진전사에서 열심히 공부하여 반드시 승과 시험에 합격하겠습니다. 그래서 꼭 큰스님이 되고 말겠습니다."

일연은 큰 꿈을 안고 진전사로 향했다.

"네가 삭발 출가하게 되면 평생 혼인도 못하고 혼자 살아야 할 것이며, 김씨 가문의 대도 잇지 못할 것이다. 게다가 잘 먹고 잘 입을 수도 없을 것이며, 자고 싶을 때도 마음대로 잠을 잘 수가 없을 것이다. 그래도 중이 되겠느냐?"

일연이 진전사를 찾아오자, 장로 대웅은 관심을 갖고 일연을 살폈다.

"반드시 출가 득도하여 수많은 고해 중생을 건지고자 하오니 저를 받아주십시오."

"참으로 영특하게 생겼구나. 부처님의 가르침을 받아 많은 중생들에게 부처님 말씀을 전하는 일에 앞장서도록 해라."

일연은 설악산 진전사에서 대웅 장로로부터 계를 받음으로써 가지산문(선종구산문 중의 하나)의 소속이 되었다. 일연의 첫 법명은 회연이었다. 밝음과 어둠을 대조시킨 이름이었다.

신라의 선승 도의가 은거했던 진전사는 가지산문이 시작된 곳이기도 하다.
일연이란 이름은 만년에 쓴 것으로 보인다. 오늘날 남아 있는 자료로는 개명의 이유를 분명히 알지 못한다.

"어찌하여 절에서는 고양이를 기르지 않는다고 생각하느냐?"

"고양이는 원래 살생을 업으로 하는 짐승이라 자비 도량에서는 살생할 수 없는 일이라 그렇습니다."

"그렇다면 방에 불을 켰을 때에 왜 반드시 등피를 하라고 이르는지 아느냐?"

"나방이나 하루살이들이 불빛을 보고 제 몸이 타는 줄도 모르고 불로 덤벼들기 때문입니다."

"공양간에서 불을 땔 때에 왜 고목이나 썩은 나무는 아궁이에 넣지 않는지 아느냐?"

"언젠가 어머니를 도와 불을 때면서 아무 생각 없이 썩은 나무를 아궁이에 넣은 적이 있습니다. 그러자 수없이 많은 개미들이 나무에서 기어 나오는 것을 보았습니다. 고목이나 썩은 나무에는 그런 곤충이나 벌레들이 많이 살기 때문입니다."

"제대로 배웠구나. 사람이 어찌 책을 통해서만 지식과 지혜를 배우겠느냐. 바람에게서 배워야 할 것은 바람에게서 배우고, 물에게서 배워야 할 것은 물에게서 배우고, 세상살이에서 배워야 할 것은 세상을 살면서 하나 둘 배워 나가야 할 것이다."

노스님은 총명하기 이를 데 없는 일연을 항상 곁에 두고 많은 것을 가르쳤다. 가끔 일연을 데리고 낙산사에 다녀오기도 했다. 진전사에서 낙산사까지는 그다지 먼 거리가 아니었다. 그곳에는 의상 대사가 관세음보살을 친견했다는 관음굴이 있었다.

"벼랑 위에 암자 한 채가 아슬아슬하게 올라앉아 있어서 퍽 위태로워 보입니다. 게다가 암자 밑으로는 시퍼런 바닷물이 출렁이고 있는데, 관세음보살님은 이렇게 위험한 곳에서만 친견할 수 있나요? 관세음보살님은 정말로 여기에 계시나요?"

"의상 대사께서는 신라 때의 고승이신데, 멀리 당나라까지 유학을 다녀오신 분이다. 그분은 우리 나라 동쪽 바닷가에 관세음보살님이 계시다는 말만 듣고 무작정 이곳으로 오셨다. 그리고 관음굴에서 두 이레 동안 지극 정성으로 기도하신 끝에 관세음보살님을 친견하셨다. 그러고는 관음께서 친히 이렇게 말씀하셨단다. '산마루에 올라가면 한 쌍의 대나무가 솟아오를 것이니, 그 자리에 불전을 짓도록 하라' 그래서 곧바로 산마루에 올라가 자세히 살펴보니 정말로 한 쌍의 대나무가 있었단다. 그래서 그 자리에 절을 짓고 관세음보살상을 모셔 지금에 이르렀단다."

"그러면 좌선을 하고 기도만 열심히 하면 관세음보살님을 친견할 수 있나요? 그렇다면 저도 아침부터 저녁까지 열심히 좌선을 하고 싶습니다."

"예끼, 이놈아! 너야말로 도일 스님과 같구나."

"도일 스님이라면 진전사를 세우신 도의 선사님하고도 인연이 있는 당나라 스님이 아닙니까?"

"그런 것도 알고 있었느냐?"

"신라 때에 당나라로 건너가셨던 도의 선사께서는, 그 무렵에 당나라에서 가장 유명하셨던 마조 도일 선사의 제자인 서당 지장 선사의 문하에서 인가를 받으셨다고 들었습니다."

"제대로 들었구나. 도일 스님은 남악 회양 스님의 제자인데, 회양 스님이 보시기에 허구한 날 좌선만 하고 있는 도일 스님이 여간 딱하질 않았단다. 그래서 하루는 도일 스님이 볼 수 있

동화사의 통일약사여래대불
약사여래는 불교에서 중생의 모든 병을 고쳐주는 부처님(여래) 즉, 약사 부처님을 말한다. 아미타불의 48 서원과 함께 약사여래의 12대 서원이 유명하다.

도록 종일 기왓장을 숫돌에 갈고 또 갈았단다. 그 모습을 이상하게 여긴 도일 스님이 스승께 "스님, 기왓장을 왜 종일 갈고 계십니까?" 하고 물었지. 그러자 회양 스님이 빙

그레 웃으시면서 "나는 기왓장을 갈아서 거울을 만들려고 그런다. 좌선만 해도 부처가 될 수 있다면 기왓장인들 어찌 거울이 되지 않겠느냐?" 하고 대답하셨단다. 도일 스님은 그제야 잘못을 크게 깨달았어. 그리고 회양 스님은 도일 스님께 "소가 끄는 수레를 앞으로 나가게 하려면 소를 때려야 하거늘, 수레를 때린다면 수레가 과연 앞으로 나갈 수 있겠느냐?"라고 말씀을 하셨지. 이 말은 마음이 곧 소요, 몸은 수레라는 뜻이다."

"정말 재미있습니다. 그런데 스님, 그런 이야기들은 어떤 경책을 봐야 하는지요? 이렇게 재미있는 내용이 실린 책은 한 번도 본 적이 없습니다."

"그런 이야기를 기록해 놓은 책은 없다."

"그러면 스님께서는 그 이야기를 어떻게 알고 계십니까?"

"다만, 사람의 입에서 입으로 오랜 세월 동안 전해져 온 이야기란다. 너도 오늘 이 이야기를 들었으니 훗날 다른 사람에게 이 이야기를 전할 것이 아니겠느냐."

"참으로 이상합니다. 그런 이야기가 실린 경책이 있다면 아주 먼 훗날까지 자세히 전해질 텐데 말입니다. 만약에 그런 중요한 이야기들이 사라지기라도 하면 어떻게 합니까?"

일연은 그런 중요한 이야기들이 실린 경책이 한 권도 없다는 사실이 믿기지 않았다.

그리고 혼자 마음속으로 다짐했다.

"내가 언젠가는 그런 이야기들을 책으로 묶어 놓을 것이다. 그러면 먼 훗날까지 이야기가 잘 전해지지 않겠는가."

그 뒤로 일연은 노스님, 또는 다른 스님들에게서 들은 이야기를 기록해 놓고는 했다. 간혹 다른 보살들이 들려주는 이야기도 귀담아들었다가 기록하기도 했다.

진전사는 동해안의 유서 깊은 관음 사찰인 낙산사와 가까운 거리에 있다. 삼십 리 길이었지만 멀리 육안으로 보일 정도다.

낙산사는 의상 대사가 세운 절로 진전사보다 역사가 깊다. 일연은 진전사에서 공부를 하면서 지역의 여러 이름난 사찰을 돌며 공부했고, 나중에 『삼국유사』 '낙산 이대성 관음 정취 조신' 조에 낙산사에 얽힌 이야기를 잘 기록해 놓았다.

첫째 관음진신의 이야기로, 의상 대사가 관음진신을 뵙고 그 자리에 절을 세웠으며 또 그곳에 원효도 찾아가 우여곡절 끝에 관음진신을 만났다는 전설이다.

둘째 정취보살의 이야기가 있다. 중국에서 공부하던 범일은 한쪽 귀가 없는 사미승으로부터 같은 고을 사람이라며 고향에 돌아가면 자기 집을 찾아줄 것을 당부했다. 그런데 그 사미승은 정취보살이었다.

셋째는 조신의 꿈 이야기다. 조신은 세상의 헛된 꿈에 빠져 있다가 그 허무함을 깨닫고 착실히 정토 신앙을 닦았다.

허구한 날 틈만 나면 뭔가를 기록하는 일연을 보고 노스님은 크게 걱정했다.

"승과 시험 준비를 안 할 작정이냐? 어찌하여 나중에 해도 될 일을 손에 쥐고 허송 세월을 보낸단 말이냐?"

"승과 시험 준비도 중요하지만, 여기저기에서 전해 들은 귀한 이야기를 그때그때 기록해 놓지 않는다면 놓칠 것 같아 조바심이 납니다."

"참으로 어리석구나. 한 가지 물어보겠다. 만세상이 우러르고 존경하는 큰스님이 계시는데, 수많은 사람이 그 스님의 법문을 듣기 위해 인산인해를 이루고는 한다. 그런데 그 스님이 너를 찾아오신다면 너는 어떻게 하겠느냐?"

"제일 먼저 그 스님께서 불편함이 없이 지내실 수 있도록 살펴야 되겠지요."

"그렇다면 너는 그 스님의 공양 준비하랴, 잠자리 준비하랴, 잔심부름하랴, 경황이 없겠구나. 그럼 그 스님의 귀한 법문은 들을 틈이 없겠구나. 종일 종종거리며 그 스님 뒤치다꺼리나 하고 있어야 하니 말이다."

노스님은 그런 말로 승과 시험 준비를 소홀하게 여기는

해인사
1951년 9월, 인천상륙작전 이후 대한민국으로 전세가 역전되면서 퇴각하지 못하고 남은 1천여 명의 북한군이 해인사를 중심으로 게릴라전을 전개했다. 이에 UN군에서는 해인사를 폭격하라는 명령을 내렸으나, 당시 공군 편대장이었던 김영환 조종사는 해인사와 팔만대장경이 소실될 것을 우려해 명령을 따르지 않았다.

일연을 나무랐다.

"너야말로 살 오른 미꾸라지를 잡느라 모 심을 기회를 놓친 어리석은 농부와 다를 바가 없구나."

"잘못했습니다. 앞으로는 다른 일에 신경을 쓰지 않고 승과 시험 준비에 몰두하겠습니다."

"여러 대사님 이야기가 어찌 소홀히 흘릴 것이더냐. 그러나 아직 너는 글이 익지 않았다. 글이 익기를 기다렸다가 소상히 살펴본 연후에 기록해 둔다면 반드시 훗날에 보람이 있을 것이다."

그 뒤로 일연은 열심히 과거 준비에 매달렸다. 하지만 노스님은 일연이 책상머리에 앉아서 불경에만 매달리는 것을 원치 않았다.

"책상에 앉아서 하는 공부만이 공부는 아니다. 이제부터 너는 선 수행을 위해 여러 곳을 돌아다니며 부처님의 말씀을 전하도록 해라."

"예, 스님. 말씀대로 세상을 두루 돌아다니며 부처님의 말씀을 중생들에게 전하고 저 또한 부처님의 높으신 뜻을 몸으로 배우고 익히겠습니다."

일연은 선종에 속하는 여러 절을 두루 돌아다니면서 열심히 수학하며 설법도 펼쳤다.

"회연 스님 같은 분이 고려에 있다는 것이 얼마나 다행스러운지 몰라."

"아무렴. 지금처럼 어려운 때에 그런 스님이 나타나서 우리 중생을 구제해 주시니 참으로 고마운 일이지."

일연이 주관하는 법회에는 사람들로 인산인해를 이루었다. 그의 설법을 듣고 감동을 받지 않은 이가 없었다.

일연의 뛰어난 설법

 "제가 묵고 있는 진전사 근방의 바닷가에 세달사의 사전(절의 토지)이 있습니다. 절에서는 젊은 스님 한 분을 보내어 사전을 관리하게 하였는데, 어느 해는 조신이라는 스님이 그 일을 맡게 되었습니다."

 일연은 설법을 하면서 사람들에게 조신에 대한 이야기를 즐겨 들려주었다.

 조신은 전답을 돌보며 지냈는데, 어느 날 절을 찾아와 탑돌이를 하는 고을 태수의 딸을 보고 한눈에 반하고 말았다. 삭발 출가한 승려의 처지에 여자를 사랑하게 되었으니 참으로 딱한 일이 아닐 수 없었다. 혼자서 마음고생을 하던 조신은 낙산사 관세음보살을 찾아가서 빌고 또 빌었다.

"부디 그 낭자와 부부의 연을 맺어 한평생 살게 해 주십시오. 현생에서 부부의 연을 맺게 해 주신다면 다음 생부터는 세세생생 삭발 출가하여 계율을 엄히 지키고 관세음보살께 귀의하겠습니다."

그렇게 남모르게 마음의 소원을 빌고 빌기를 몇 년째, 그러나 태수의 딸은 다른 남자에게 시집을 가고 말았다.

크게 낙담한 조신은 관세음보살을 찾아가서 원망하며 넋두리를 늘어놓았다.

"소승이 비록 머리를 깎았으나 중생이거늘 어찌하여 천명 만 명 중생의 소원을 들어주시면서 제 소원은 들어주시지 않으십니까? 그 소원 하나 들어주시지 않는데, 제가 어찌 부처님을 믿고 따르겠습니까?"

조신은 그렇게 애원하며 울다 지쳐서 잠이 들었다. 그런데 어느 순간 인기척이 느껴져서 눈을 떠 보니, 관세음보살이 홀연히 다가오고 있었다. 자세히 보니 태수의 딸이 분명했다.

해인사에 보관 중인 팔만대장경
해인사 대장경판 또는 팔만대장경은 국보 제32호로, 고려가 몽골의 침입을 불력(佛力)으로 막아 내고자 고종 23년(1236) 강화에서 조판에 착수하여 동왕 38년(1251)에 완성한 고려의 대장경이다. 2007년 세계 기록 유산에 지정되었다.

"스님을 처음 뵌 뒤에 저 또한 마음속으로 흠모하여 잠시도 잊지 못했습니다."

태수의 딸은 자신을 아내로 맞아줄 것을 청했다.

"그게 정말입니까?"

조신의 기쁨은 이루 말할 수 없이 컸다.

두 사람은 부부의 연을 맺고 스님의 옛 고향으로 돌아가

가정을 이루고 살았다. 금실이 좋아 오 남매를 두었으나 살림 형편은 말이 아니었다. 하루 세 끼는 고사하고 한 끼도 못 먹고 지나는 일이 허다했다. 집이라고 있지만, 벽만 있을 뿐 바람만 불어도 쓰러질 지경이었다. 그 집에서 일곱 식구가 가난에 시달리며 하루하루를 견뎠다.

조신은 결국 배고픔을 해결하기 위해 가족을 데리고 이 마을 저 마을 돌아다니며 날품팔이로 간신히 입에 풀칠하며 살았다. 집도 절도 없는 데다 옷 또한 누더기가 따로 없으니 영락없는 거지꼴이었다. 설상가상으로 가족을 이끌고 해현령을 넘다가 열다섯 살 먹은 큰아들이 굶어 죽고 말았다.

조신은 울며불며 자식을 땅에 묻고 네 자식과 병든 아내를 업고 진전사 부근의 익곡현에 이르러 그곳에 터를 잡았다. 그런데 조신마저 병을 얻어 열 살 먹은 딸이 밥을 빌어다가 먹었다. 딸자식이 빌어온 밥을 앞에 두고 부부는 신세 한탄을 하며 하염없이 울었다.

그리고 엄동설한에 다 함께 얼어 죽지 않기 위해서 헤어지기로 했다. 아내는 아이 둘을 데리고 친정으로 가고, 조신은 따뜻한 남쪽으로 내려가기로 했다. 두 사람은 이별을 서러워하면서 헤어졌다.

병든 몸을 이끌고 남쪽을 향해 가는 조신의 마음은 천 갈래 만 갈래 찢어질 것만 같았다. 조신은 헤어진 아내를 서럽게 부르다 눈을 떴는데, 꿈이었다.

정신을 차리고 보니 낙산사 관세음보살이 빙그레 웃으며 조신을 내려다보고 있었다. 관세음보살 뵙기가 너무도 민망해진 조신은 서둘러 낙산사를 떠났다.

그런데 꿈에서 큰아이가 죽었던 해현령 고개를 지나면서 아이를 묻었던 자리를 파 보았다. 그랬더니 그곳에서 아이처럼 생긴 돌미륵 부처님이 나왔다.

그 뒤에 조신은 돌미륵 부처님을 깨끗이 씻어서 근처의 절에 모시고, 곧바로 개경으로 갔다. 그 후에 정토사라는 절을 지어 좋은 일, 착한 일, 많이 하다가 세상을 떴다.

일연은 조신의 이야기를 들려준 뒤에 부처님 말씀을 이해하기 쉽게 덧붙였다.

"부처님이 말씀하신 한 구절을 들려드리겠습니다. 사람의 한평생, 풀잎 위의 이슬 같고, 부귀영화는 물 위의 거품과 같아서 허망하기 그지없는 것. 그럼에도 어리석은 중생들은 천년만년 살 것처럼 기뻐하고 즐거워하며, 물불을 가리지 않고 제 욕심을 채우기에 급급하고, 허망한 부귀영화를 손아귀에 넣으려고 아귀다툼을 하고, 속이고, 중상모략하고, 심지어 죽이기까지 하니, 이것들이 깨고 보면 한 토막 덧없는 꿈. 인생살이 한평생이 한 토막 덧없는 꿈인 줄 안다면, 무엇이 그리 소중하고 아깝다고 울고불고 아우성치며 안달복달 애간장을 태울 것인가. 꿈인 줄 모르는 사람은 어리석은 자요, 꿈인 줄 아는 자가 지혜로운 사람이다."

사람들은 일연의 설법을 듣고 모두 크게 기뻐했다.

"부처님께서 고려를 위해 보내 준 큰스님이 분명해."

"그 스님 말씀은 귀에 쏙쏙 잘 들어오고, 이야기가 재미있어 한 눈 팔 겨를도 없다니까."

일연은 틈을 내어 황룡사 구층탑을 찾아가 보기도 했다.

훗날 일연은 『삼국유사』〈참상〉편에 '황룡사장육'과 '황룡사 구층탑' 조를 실어서 절의 내력과 의미를 밝혀 놓았다.

'황룡사장육' 조에는 진흥왕이 황룡사를 짓게 된 경위가 적혀 있다.

'진흥왕이 즉위한 지 14년이 되던 계유년(553)에 월성의 동쪽이며 용궁 남쪽에 궁궐을 지으려는데 황룡이 나타났다. 왕은 명을 내려 절을 짓고 황룡사라 이름 짓게 했다. 그 자리는 신라에 불교를 퍼뜨린 아도가 어머니에게서 들은 일곱 가람터의 하나다. 얼마 후, 인도 아육왕이 보낸 황철과 황금이 울산 앞바다에 도착했다.

'인연 있는 땅에 이르러 장육존상을 이루라!'

이런 축원 문서가 함께 실려 있었다. 문서에 적힌 축원을 이루기 위해 장육존상이 신라 땅에서 만들어졌고, 황룡사에 봉안되어 신라를 지킨 삼보의 하나가 되었다.'

그 사실을 두고 일연은 시 한 편을 남겼다.
'티끌세상이 도리어 진향되네만
영화 드릴 인연이야
우리 나라가 으뜸이었지.
아육왕이 손대기 어려워 보냈겠나
필시 월성 옛터 제자리 찾아온 것이지.'

일연은 인도의 아육왕이 그 정도 불상 하나 제대로 만들지 못해 바다에 띄웠겠냐고 반문하고, 월성이야말로 장육존상이 세워질 본래의 터였다고 강조하고 있다.

아육왕은 인도의 아소카왕의 이름이다. 인도 불교의 전성기를 열었던 아소카왕이 이룬 불교적 업적도 뛰어나지만, 우리 나라야말로 불국토임을 은근히 자랑하고 있다.

 일연은 황룡사 구층탑의 시도 남겨 놓았다.

 '신령이 받치는 듯 서울을 누르고

휘황한 금벽은 용마루를 날리는구나.

이에 올라 보라

어찌 구한 만의 항복을 보겠는가.

비로소 천지가 특별히 평화로움을 깨닫겠네.'

 일연은 『삼국유사』〈어산불영〉 조에서 만어사에 대해 현장감 있는 글을 적어 놓았다.

 '오늘 내가 몸소 와서 우러러 예불하고 나니 또한 분명히 믿을 만한 두 가지가 있었다. 골짜기 가득 대부분의 돌이 금과 옥의 소리를 내는 것이 하나요, 멀리서 보면 나타났다가 가까이 가면 보이지 않고 또 보였다 하는 것이 하나다.'

 지금도 사람들은 멀리서 보면 나타났다가 다가가면 사라지

부석사 소재 부석사 당간 지주
절에서 불교 의식이 있을 때 불(佛), 보살(菩薩)의 공덕을 기리거나 마귀를 물리칠 목적으로 달았던 '당'이라는 깃발의 깃대를 말하며, 이 깃대를 고정해 주기 위해 세우는 돌기둥을 당간 지주라 한다.

는 그림자를 부처님의 그림자라고 믿고 있다.

일연은 직접 만어사를 찾아가 부처님의 그림자를 눈으로 보고 그렇게 적었던 것이다. 또한 오대산 문수사 석탑기에도 일연이 직접 유물과 유적을 답사한 흔적이 지금까지 남아 있다.

'뜰에 있는 석탑'은 신라 사람이 세운 듯하다. 형식이 순박하여 정교하지는 않지만 자못 영검[靈響]이 있어 일일이 기록할 수 없을 정도다. 그 중 한 가지 사실을 노인에게 들었는데 다음과 같다.

"옛날에 연곡현(連谷縣) 사람이 배를 타고 바닷가에서 물고기를 잡고 있었다. 그 때 갑자기 탑 하나가 배를 따라오는 것이 보였다. 그림자를 보더니 물고기들도 죄다 흩어져 달아났다. 이 때문에 물고기를 한 마리도 잡지 못한 어부는 화가 치밀어 그림자를 따라 찾아가 보니 바로 이 탑이었다. 분결에 도끼를 들어 탑을 때려 부수고 돌아갔는데, 지금 이 탑의 네 귀퉁이가 모두 떨어진 것도 이 때문이다."

이 말을 들은 나는 놀라 경탄을 그칠 수 없었다. 그런데 탑의 위치가 약간 동쪽으로 치우쳐 있고 뜰 가운데에 있지 않은 것이 이상하였다. 그 때 현판 하나를 우러러보니 이런 구절이 눈에 띄었다.

비구(比丘) 처현(處玄)이 이 절에 있을 때 탑을 뜰 가운데로 옮겼다. 그랬더니 20여 년 동안 아무런 영험도 나타나지 않았다. 일자(日者, 일관〔日官〕)가 좋은 터를 찾으려고 이곳을 들렸다가 탄식하며 말하였다.

"이 뜰 가운데는 탑을 세울 곳이 아니야. 왜 동쪽으로 옮기지 않는 거지?"

그제야 승려들이 잘못을 깨닫고 다시 옛 자리로 옮겼는데, 지금 서 있는 곳이 바로 그 자리다.

나는 괴이한 것을 좋아하는 사람은 아니다. 하지만 부처님의 위신(威神 : 위엄과 신통력)이 자취를 나타내어 삼라만상을 이롭게 하는 것이 이렇게 빠른 것을 보고, 어찌 불자가 된 사람으로서 나 몰라라 말하지 않을 수 있겠는가. 정풍(正豊 : 금나라 해릉왕 때의 연호) 원년 병자년(1156) 10월에 백운자(白雲子 : 일연 스님의 제자)가 쓰노라.'

1227년, 일연은 진전사로 돌아와 그 해에 있을 승과 시험에 몰두했다. 그리고 시험 날짜가 다가오자 분주하게 준비를 마쳤다.

개경까지 가려면 짚신도 여러 켤레 삼아야 했고, 걸망에

챙겨야 할 짐도 한두 가지가 아니었다.

그리고 시험 보름 전에 진전사를 떠나 개경으로 향했다. 진전사에서 머문 지 8년 만이었다.

그 무렵에 승과 시험은 3년에 한 번씩 있었다. 한 번 낙방하면 3년을 더 기다렸다가 응시를 해야만 했다.

"내 나이 이미 스물두 살이다. 이번에 떨어지면 스물다섯 살이 되어야 다시 응시할 수 있으니 긴장을 늦추지 말고 시험에 응해야겠구나."

일연은 각오를 단단히 하고 개경으로 향했다. 승과 시험의 경우는 사마시 시험과는 달랐다.

"벼슬을 하려는 사람들이 치르는 사마시의 경우에는 제목이 있고 거기에 맞는 글을 지으면 되지만, 승과 시험은 구두 시험이다. 정신 바짝 차리고 질문에 대답해야만 한다."

일연은 시험을 보는 내내 긴장했다. 시험관마다 질문이 달랐고, 자칫 잘못했다가는 엉뚱한 답을 해서 그르치기 십

상이었다.

그러나 일연은 주위의 기대를 저버리지 않고 승려가 치르는 선불장에서 당당하게 수석을 차지했다.

"그 동안 쌓은 수행을 세상에 알렸어."

"단번에 합격할 줄 누가 알았겠어."

많은 사람은 일연의 수석 합격을 놀라워했다.

그 무렵 고려는 나라 안팎으로 몹시 혼란스러워 한치 앞을 내다볼 수 없을 지경이었다.

최충헌의 뒤를 이어 권력을 쥐고 있던 최우(최이)는 전쟁이 언제 터질지 모를 다급한 상황인데도 권력을 집중시키기 위해 정방(고려 무신 정권기에 최우가 자기 집에 설치하여 인사 행정을 취급한 기관)을 설치했다. 그리고 정방에서 국사를 처결하고 인사를 단행하는 등 왕을 능가하는 권세를 누리고 있었다.

"단지 정방에서 결정한 사항에 대해 형식적인 결재만 내리는 것이 왕이란 말인가."

고종(고려 제23대)은 최우의 결정이 아니면 아무것도 할 수 없는 현실을 개탄했다.

하지만 무신 정변 이후 고려의 모든 권한은 무신들이 차지하여 왕은 아무 결정권도 없는 허수아비에 불과했다.

최우는 정방을 설치한 뒤에 서방 설치도 계획했다.

"정방을 설치하여 인사권을 완벽하게 장악했으니 이제 서방*을 설치하여 유학자들을 손아귀에 넣어야 된다."

『고려사』에는 '최우의 문객 중에는 당대의 명유(이름난 선비 또는 유명한 유학자)가 많아 이들을 세 번으로 나누어 교대로 서방에 숙위하게 하였다'는 기록이 있다.

최우가 서방을 설치하여 문인들을 숙위하게 한 것은 국정에 대해 그들로부터 자문을 받기 위함이었다.

서방을 설치함으로써 최씨 정권은 무인들의 숙위 기관인 도

서방은 도방·교정도감(고려 시대 최충헌 이래 무신 정권의 최고 정치 기관)·정방·삼별초와 함께 최씨 세습 정권 중심 기구의 하나였다. 1227년(고종 14)에 최우에 의해 설치되어 1270년(원종 11)까지 존재했다.

방과 함께 문무를 겸비하게 되었다.

최우는 1225년에 인사 행정을 담당하는 정방을 설치하였는데, 이곳에서 능력 있는 문인을 뽑아 '필도치'라 하여 사무를 보게 하고, 2년 뒤에 서방을 설치하여 나머지 문인들을 등용한 것으로 보인다.

최우는 정방과 서방을 통하여 문·무신을 거느릴 수 있게 되어 권력의 폭이 한층 더 강화되었다.

그런데 1216년에 있었던 거란족의 침략 때문에 고려는 몽골에 덜미가 잡혀 있었다.

거란군은 대군을 몰고 압록강을 건너와 개성 근처까지 밀려들어 혜종의 순릉을 도굴하고 원주와 예천을 함락시키기까지 했다.

공방전은 무려 2년 동안이나 지속되었고, 궁지에 몰린 고려는 몽골과 만노의 동진, 금 등과 연합하여 거란군을 격퇴하였다.

조계사 대웅전 앞 (서울 종로구)
조계사는 조계종 절로 1395년에 지어졌다. 1910년에 승려들의 모금으로 설립된 각황사가 모태다. 1938년에는 태고사가 설립되었고, 1954년에 조계사로 개칭되었다.

 무사히 거란군을 몰아냈지만 몽골은 고려에 강화를 청했고, 고려 조정에서는 그 청을 받아들여 형제지국의 관계를 형성했다.

 형제의 맹약을 맺은 몽골은 수시로 고려에 사신을 보내 고압적인 자세로 공물을 요구했다.

"고려는 우리 몽골이 거란족을 물리쳐 준 은혜를 잊어서는 안 될 것이다. 일찍이 약한 나라는 강한 나라에 공물을 바치는 것이 예의니, 고려는 형제지국의 예를 다해 공물을 바치도록 하라."

그러나 최우는 몽골의 공물 요구를 무시했다.

"몽골의 요구를 들어줘서는 안 된다. 그들은 우리 고려를 얕보고 있다. 비록 몽골의 도움으로 거란군을 몰아냈지만, 우리가 저자세로 나온다면 몽골은 영원히 우리 고려를 무시한 채 함부로 행동할 것이다. 그들에게 공물을 주느니 서둘러 전쟁 준비를 마쳐야 한다."

최우는 서둘러 여러 곳에 성을 쌓게 했다.

"몽골과의 전쟁에 대비해 의주(지금의 덕원), 화주(지금의 영흥), 철관(지금의 철령) 등지에 성을 쌓도록 하라! 서둘러 개성의 나성을 수리하여 몽골과의 격전을 완벽하게 준비하라!"

하지만 변방은 언제 무너질지 모를 정도로 하루하루가

위태로웠다.

 경상도 지방에 왜구들이 자주 침입하여 백성들을 괴롭히고, 북쪽의 정주와 장주 등에서는 동진군이 자주 출몰하여 침략을 일삼았다.

바람 앞의 촛불 같은 고려의 운명

그런데 더 큰 문제가 터졌다. 1225년에 몽골 사신인 착고여가 고려에 왔다가 돌아가는 길에 도적들에게 피살당하는 사건이 발생했다.

"고려는 우리 몽골에 공물을 바치지 않기 위해서 사신을 죽였다!"

"우리 몽골 사신을 죽인 고려에 반드시 보복하겠다!"

고려는 서둘러 사신을 파견해서 우리와는 아무런 상관이 없고, 금나라에서 저지른 짓이 분명하다고 둘러댔지만 소용없는 일이었다.

"고려와 국교를 단절한다!"

고려와 몽골은 단교를 하게 되었고, 급기야 고려 땅에는

통도사 자장법사탑
절 이름은 영취산의 기운이 서역국 오인도(五印度)의 땅과 통한다고 하여 통도사라 불렀다고 한다. 자장은 이 절에서 금강 계단을 쌓고 보름마다 불법을 설하였다.

전쟁의 먹구름이 끼기 시작했다.

이렇듯 이 시기에 나라 안은 정치적으로 암울한 분위기에 휩싸여 있었지만, 반대로 불교는 중흥기를 맞이하고 있었다. 수선사의 지눌을 잇는 혜심이 나와 불교계에서는 새 바람을 일으키고 있었던 것이다. 조정에서는 불심을 이용하여 백성들이 다시 한마음 한뜻으로 뭉치게 함으로써 머잖아 닥칠 전쟁에 대비하게 했다.

시절이 한 치 앞도 내다볼 수 없을 무렵, 선불장에 합격한 일연은 강원도를 떠나 경상도의 포산(지금의 현풍 땅)에 이르렀다.

포산은 일연의 고향인 압량과는 가까운 거리에 있었다.

"가까운 거리에 어머니가 살고 계시니 마음이 한결 든든하구나."

일연은 어머니에 대한 효심이 남달랐다. 그래서 비록 불도에 몸을 담고 있어서 어머니를 모시지 못했지만, 가까운 곳에 머물며 어머니를 그리워했다.

일연은 일생 동안 두 차례에 걸쳐 포산에 거처했다. 스물두 살에 시작하여 마흔네 살에 남해 정림사로 옮겨 갈 때까지, 그리고 쉰여덟 살에 인홍사에 머물다 일흔한 살에 운문사로 옮겨 가기까지 33년을 포산의 사찰에 머물렀다.

일연이 처음에 머물렀던 포산의 사찰은 '보암당'이었다. 그러나 그 암자의 정확한 위치는 알 수 없고, 다만 그 무렵에 포산에는 삼천 암자가 있었다고 하는데, 그 중 한 암자였을 것이라고 짐작할 따름이다.

그곳에서 일연은 '심존선관' 했다고 기록해 놓았다. 진전사에서 불승으로서 기초 공부를 했다면 포산의 암자에서 본격적인 선승의 수도를 시작한 것이다.

포산은 다양한 불교 형태가 공존했던 지역이었다. 신라 화엄 십찰의 하나가 있었으며, 아미타 신앙 결사가 이루어졌고, 법화경 예참이 시행되었으며, 밀교 신앙이 성행하기도 했다. 이렇게 다양한 신앙 분위기는 평생 가지산파의 길을 걸었던 일연으로 하여금 어느 특정 신앙이나 종파에 얽매이지 않고, 여러 계통의 신앙과 사상을 모은 『삼국유사』 같은 저술을 이루게 하는 바탕이 되었다. 일연의 비문에는 포산에 머물 때에 '확연한 깨침이 있었다'라고 적혀 있다.

"이 포산은 삼천 개의 암자가 있을 정도로 크고 골이 깊은 산이라, 공부하기에는 안성맞춤이로구나."

그런데 일연이 포산에 머물고 있을 무렵, 그 동안 국교를 단절하고 보복을 선언했던 몽골군이 고려 땅을 침략해 왔다. 몽골군은 순식간에 고려를 초토화시켰다.

"고려는 몽골 사신인 착고여를 죽인 대가를 톡톡히 치를 것이다!"

"압록강을 건너 우선 함신진(지금의 의주)을 공략하고, 귀주와 정주를 거쳐 평산에 이른 뒤에 개경까지 함락시키겠다.!"

몽골 장수 살리타가 이끄는 몽골군이 파죽지세로 밀고 내려왔고, 고려는 순식간에 초토화가 되었다. 싸울 엄두도 내지 못한 채 개경까지 함락당한 고려는, 위기를 모면하기 위해 몽골군 진영에 회안공 왕정을 보내 화의를 추진했다.

"착고여를 살해한 것은 우리 고려와 몽골 간의 분쟁을 일으키기 위해 금나라가 저지른 짓입니다. 부디 황금, 백은 등 예물을 보낼 것이니 고려에서 철군해 주십시오. 이후에는 양국간의 평화를 반드시 지속할 것을 약속드리겠습니다."

"좋다. 그렇다면 서경을 비롯한 서북면 지역의 40개 성에 다루가치(원나라[몽골]에서 총독 등을 가리키는 호칭)를 남겨 두고 철수하겠다. 앞으로 고려는 형제지국의 예의를 반드시 지키도록 하라!"

간신히 화의 조약을 체결하고 몽골군이 물러났지만, 언제 또 밀려올지 모를 일이었다.

"몽골군은 바다에서 전쟁을 해 본 경험이 없어 해전에 약하다. 몽골과의 전면전에 대비하여 서둘러 도읍을 강화도로 옮기고, 각지의 백성들을 산성과 섬으로 이주시켜라!"

고려 조정에서는 강화도로 도읍을 옮길 것을 결정했다. 그리고 또다시 몽골의 공물 요구를 들어주지 않았다. 그런데 내시인 윤복창과 서경 순무사인 민희 등이 각각 서북면과 서경에서 몽골의 다루가치를 습격하는 사건이 일어났다. 그러자 몽골은 그 일을 핑계 삼아 다시 고려를 침략했

통도사 법당
신라 선덕여왕 재위 중인 646년에 자장 율사가 창건한 것으로 전해진다. 해인사, 송광사와 함께 삼보 사찰로 꼽히는 큰 절이다. 통도사는 자장이 당나라에서 가져온 석가모니의 사리와 가사를 봉안하여 불보(불교의 보물) 사찰이라 불린다.

다. 몽골의 2차 침입이었다.

"고려는 당장 개경으로 환도하라! 그렇지 않으면 고려 땅 전부를 쑥밭으로 만들어 놓겠다!"

몽골은 계속하여 개경 환도와 고려 왕의 입조를 요구했

다. 그리고 말 2만 필, 처녀와 총각 수천 명, 비단 옷감 1만 필, 수달피 가죽 1만 장을 요구하기도 했다. 그리고 몽골군의 옷까지 만들어 바치라고 으름장을 놓았다.

"우리 고려가 몽골의 요구에 순순히 응할 것 같으냐! 너희는 수나라와 당나라가 왜 망했는지 잊었단 말이냐? 두 나라는 고구려를 수없이 공격하다가 결국 멸망하고 말았다. 너희 몽골도 그 전례를 따를 작정이냐!"

고려 조정이 요구에 응하지 않자, 몽골군은 경상도까지 남하하여 약탈을 자행하고, 많은 사람들을 죽였다.

"왕과 벼슬아치들만 살자고 강화도로 숨었단 말이냐!"

"비록 나라가 버린 백성이지만, 우리 힘으로 이 나라를 지켜야 한다! 모두 무기를 들고 오랑캐와 맞서 싸워라!"

군사와 관리와 백성들 할 것 없이 사방에서 단결하여 몽골군과 맞섰다. 그 해 12월에 몽골군은 용인의 처인성으로 쳐들어왔다.

"처인성은 야트막한 흙성에 불과하니 가볍게 함락할 수

있다!"

 살리타는 처인성을 쉽게 무너뜨릴 자신이 있다고 호언장담했다. 그러나 고려 장수 김윤후가 쏜 화살을 맞고 그 자리에서 숨을 거두었다.

 고려 군사는 물론이고 승려, 백성들까지 합세하여 세계를 누비며 호령하던 몽골 최고의 장수를 쓰러뜨려 극적인 승리를 거두었다.

 대장을 잃어 사기가 떨어진 몽골군은 철수를 시작했다. 그러나 몽골군은 철수하면서 숱한 문화재를 훼손시켰다. 대구 부인사에 소장되어 있던 귀중한 〈고려대장경〉이 불타 없어지고 황룡사의 구층탑도 무너지고 말았다.

 그 뒤로도 몽골군의 침입은 계속 이어졌다. 몽골군은 개경 환도와 고려 왕의 입조를 요구하며 전 국토를 휘젓고 다녔고, 민간인은 물론이고 승려들도 신변의 위협을 느낄 수밖에 없었다.

 1236년, 몽골군은 남쪽 지방인 전라도 고부까지 밀려

내려왔다.

"허어, 참으로 큰일이로구나. 몽골군의 살육에 살아남을 백성이 얼마나 되겠는가."

일연은 나라의 앞날을 크게 걱정했다.

"훗날 원수를 갚을 것이라 하여 어린아이는 물론이고 아이를 가진 부녀자들까지 도륙하고 있으니 백성의 씨가 다 마를 것 같습니다."

"몽골군은 닥치는 대로 빼앗고, 죽이고, 겁탈을 하고 있습니다. 몽골군에 끌려간 백성이 일 년에 26만6천8백여 명이나 된다고 합니다."

"들판이나 길가에 백성의 시신이 산더미처럼 쌓였다 합니다."

들려오는 소식마다 모두 암담한 것들뿐이었다.

일연은 문수보살의 감응을 받고자 했다.

"부디 제가 전란을 피해 수행할 수 있는 곳이 어디인지 알려 주십시오."

몇 날 며칠 동안 계속된 일연의 기도에 마침내 벽 사이에서 문수보살이 홀연히 나타났다.
"무주거하라!"
"무주에 거하라니요? 무주가 대체 어디란 말씀이십니까?"
일연은 애타게 물었지만, 문수보살은 한마디만을 남기고 사라졌다.
"무주거라고 하면 머물 곳이 없다는 말이 아닌가."
일연은 크게 실망했다. 그리고 무작정 길을 떠나 예전에 머물렀던 포산의 묘문암을 찾아갔다.
일연이 문수보살의 말을 이해한 것은 그 다음해 여름이었다.
묘문암에서 불도를 닦고 있을 때 한 스님이 말했다.
"스님, 이 절 북쪽에 정갈하고 아늑한 무주암이라는 암자가 있습니다. 그곳에서 수도하시는 것이 어떻겠습니까?"

그 말을 듣는 순간, 일연은 크게 놀랐다.

"문수보살께서 '무주거하라' 하신 것은 무주암에 거처를 정하라는 말씀이셨구나. 그 말씀 하나 제대로 이해 못하다니, 내 수양이 아직도 많이 부족하구나."

일연은 즉시 무주암으로 거처를 옮기고 더욱 열심히 불도를 닦았다.

일연의 비문에는 그 무렵의 일을 이렇게 적어 놓았다.
'다시 이 산의 묘문암에 거하였다. 암자의 북쪽에 절이 있어 무주라 했는데 스님이 이에 옛 기억을 되살려 그 암자에 거처하였다.'

문수보살이 현시해 준 무주암은 아슬아슬한 벼랑길을 돌고 돌아 큰 바위 밑에 있는 암자였다.

무주암은 전란을 피할 만한 여건이 마련된 곳이기도 했지만, 성전에 들어 정진하기에는 매우 훌륭한 곳이었다.

"중생의 세계는 줄어들지도 아니하고, 부처의 세계는 늘어나지도 아니한다."

일연은 전란의 칼바람이 언제 닥칠지 모를 위기감 속에서 이 화두를 정해 놓고 정진에 들어갔다.

그러던 어느 날이었다. 일연은 눈을 감고 있는데도 세상이 환하게 보이는 것을 느꼈다. 육안이 아니라 심안이 떠진 것이다.

"내가 드디어 대오(번뇌에서 벗어나 진리를 깨달음)했구나!"

일연은 사람들에게 선포하였다.

"내가 오늘 삼계가 환몽과 같고 대지에 실오라기 하나만큼의 장애도 없음을 보았노라!"

설악산 진전사를 떠나 경상도 포산에 들어온 지 실로 10년 만이었다. 일연은 드디어 한 줌의 의문도 남김없이 털어버리고 삼계가 헛된 꿈과 같음을 알았고, 대지가 티끌만큼의 장애도 없음을 확연히 보았던 것이다. 그 때가 1236

연등
연등놀이를 할 때에 밝히는 등불. 사월 초파일, 불교 행사가 있는 날이면 연등을 만들어 불을 밝힌다.

년(고종 20)으로, 일연의 세속 나이는 서른둘이었다.

 일연은 포산에 머물며 취재했던 '포산이성(비슬산의 두 성인)'을 『삼국유사』 '피은' 편에 기록해 놓았다.
 '신라 시대 때, 관기와 도성이라는 두 성인이 포산에 살고 있었다. 관기는 산의 정상에서 남쪽에, 도성은 북쪽에 거처하고 있었는데, 십 리쯤 떨어진 곳에 살던 두 사람이 서로 만나고자 할 때마다 신비스러운 일이 벌어졌다.

관기가 도성을 부르고 싶어 하면 산의 나무가 모두 도성이 거처하는 북쪽을 향해 엎드렸다. 도성이 이것을 보고 관기가 부르는 것이라 여기고 그곳으로 갔으며, 반대의 경우에도 마찬가지였다.

두 스님의 최후도 신비스러웠다. 도성은 처소의 높은 바위 위에 항상 자리를 펴고 앉아 있더니 하루는 바위틈으로 몸이 뚫고 나가서 전신이 공중으로 올라갔는데 간 곳을 알 수 없었다. 뒤를 이어 관기도 열반에 들었다.'

일연은 '지금 두 성인의 이름으로 그 터를 명명했다'고 적어 놓았다. '포산이성' 조의 전반부는 관기와 도성의 이야기로 채워졌고, 후반부는 그 다음의 이야기들이었다.

'신라 말의 승려 성범이 이곳에 와서 미타도량을 열었는데 현풍에 사는 신도 20명이 이 산에서 향나무를 주워다 절에 바치고는 했다. 그리고 그 향나무를 잘게 잘라 물에 씻고 발 위에 널어놓으면 촛불처럼 환하게 빛이 났다.
"우리 정성에 관기, 도성, 두 성인이 감응한 모양이야."
"산안신인 정성천왕의 도우심이 분명해."
사람들은 모두 그렇게 말했다.'

일연은 관기와 도성의 이야기를 시로 기록했다.
'서로 찾을 제
달빛 밝으며 구름과 노닐던
두 분 풍류는 몇 백 년이던가.
골짜기 가득 안개는 끼어 있고 고목만 남아
흔들흔들 비끼는 그림자
이제 나를 맞는 듯하구나.'

"울창한 나무숲이 자신을 부르는 벗의 목소리라 듣고 달

송광사 대웅전
신라 말엽에 혜린 대사가 작은 암자를 짓고 길상사라 부르던 것을 시작으로 보조국사 지눌이 정혜사를 이곳으로 옮겨 와 수도, 참선 도량으로 삼은 뒤부터 승보 사찰이 되었다. 지눌, 진각을 비롯한 16국사를 배출하였다.

빛을 밟으며 벗을 찾아가는 마음이 얼마나 황홀했을까. 나 또한 그 반열에 든다면 얼마나 행복하겠는가."

일연은 가끔씩 관기와 도성의 풍류를 떠올리며 혼자 부러워했다. 그리고 수련하는 불승으로서 결코 세상 밖으로 나가지 않을 것을 다짐하기도 했다.

'한밤중 달빛 보며 자리 잡고 있으니

몸에 걸친 옷 바람 부는 대로 반 남아 날도다.

거적자리에 가로누워도 단잠 들 것이니

티끌세상 꿈속에서도 가지 않으리라.'

1237년, 일연은 나라에서 '삼중대사'라는 승계를 받았다. 그리고 선사 자리에 오른 것은 그로부터 9년 뒤인 1246년(고종 36)이었다.

일연과 정안의 만남

정안*이 일연을 찾아온 것은 마흔네 살 무렵, 1249년이었다.

"정안이라면 왕보다 세력이 더 막강한 최우의 처남이 아닌가."

일연은 최우의 측근인 정안을 별로 달가워하지 않았다. 하지만 노모를 모시기 위해 벼슬을 그만두기도 하고, 최우의 정권 농단을 못마땅하게 여기고 남해로 내려가 절을 세

정안은 고려 후기의 관인으로 무신 집권자 최우의 처남이다. 젊었을 때 과거에 급제하였으며, 여러 벼슬을 거쳐 진양의 수령으로 부임하였으나 노모를 모시기 위해 벼슬을 그만두고 하동으로 내려갔다. 뒤에 최우의 추천으로 국자좨주를 거쳐 동지공거 등을 역임하였다. 그러나 최우가 정권을 농단하는 것을 보고는 자신에게 화가 미칠까 두려워하여 남해로 내려가 그곳에서 개인 재산을 털어 정림사를 세우고 국가와 반씩 경비를 대어 〈팔만대장경〉의 일부를 간행했다. 1251년(고종 38) 최우의 아들 최항이 정권을 잡은 후 참지정사에 올랐으나 그의 명성이 높은 것을 시기한 최항에 의해 반란을 꾀하였다는 죄목으로 백령도로 유배되었다가 살해되었다.

웠다는 말을 듣고 다소 마음을 풀었다.

"스님께서 정림사를 맡아주시면 좋겠습니다. 저는 지금 살던 집을 사찰로 바꾸어 정림사라 이름 짓고, 몽골 침입으로 소실되었던 초조대장경 대신 팔만대장경을 간행하고 있습니다."

"팔만대장경을 간행하고 있다구요?"

"몽골군의 침입을 불교의 힘으로 막아보고자 국가에서 대장도감이라는 임시 기구를 설치하여 새기고 있습니다. 나라에서 절반 정도의 경비를 대고, 나머지는 제가 사재를 털어서 진행하는 중입니다."

개인 재산을 털어 절을 짓고, 〈팔만대장경〉을 조판하고 있다는 정안의 말에 일연은 크게 기뻐했다.

"부처님의 말씀을 전하는 소승은 이런 첩첩산중에서 목숨을 부지하기 위해 애쓰고 있는데, 사재를 털어 절을 짓고 팔만대장경까지 조판하고 계시다니, 참으로 고마울 따름입니다. 몽골군의 침략으로 귀한 유산이 불탔다는 말을 듣고 크게 낙담했는데, 경께서 그 막중한 일을 도맡아 하고 계셨군요."

일연은 정안의 청을 받아들여 정림사의 주지가 되기로 했다.

그러나 주변에서는 은근히 걱정을 하기도 했다.

"저들은 칼로 나라를 다스리는 자들입니다. 자신들의 이익을 위해서라면, 스님은 물론이고 왕까지도 거침없이 죽이거나 축출시킵니다. 어찌하여 정안의 청을 받아들여 불구덩이 속으로 뛰어드십니까."

"정안의 집안은 조부 때부터 중앙 정계에 진출하여 최씨 정권의 돈독한 보호를 받으며 반열에 올랐습니다. 정안의 아버지인 정숙첨은 최우를 사위로 삼아서 권력을 남용했다고 손가락질을 받았습니다."

"정숙첨은 같은 향리 출신인 최충헌이 정권을 장악하자 온갖 수단을 동원하여 재산을 모으고 권력을 남용했습니다."

불국사
『삼국유사』에는 김대성이 불국사 창건자로 언급되고 있으며, 불교의 윤회설에 따라 전생의 부모님을 기리기 위하여 석불사(석굴암)를, 현생의 부모를 섬긴다는 뜻에서 불국사를 창건하였다고 기록되어 있다.

하지만 일연은 뜻을 접지 않았다.

"그저 입만 살아가지고 재물이나 탐내는 여느 벼슬아치들과 정안은 격이 다른 사람 아닌가?"

일연의 비문에는 남해 주지 시절을 이렇게 적어 놓았다.

'기유년(1249) 상국 정안이 남해에 있는 그의 개인 집을 내

놓아 절을 만들고 정림사라 하였다. 그리고 스님을 청하여 그곳에 주석케 했다.'

『고려사』〈열전〉에는 정안이 선대에 비해 본시 조용하고 큰 욕심이 없는 성품이었다고 적어 놓았다. 그리고 최우의 신임을 받아 중요한 직책을 맡아 일했지만, 무신 정권의 불합리한 점을 못마땅하게 여기고 은퇴를 한 뒤에 고향으로 돌아와 불사에 힘썼다고 한다. 그러나 불사에 힘쓰는 일이 지나쳐 많은 사람들의 원성을 사기도 했지만. 개인 재산을 들여 국가사업으로 진행하던 대장경 간행 사업을 돕고, 판각 경비의 절반을 댈 정도로 불교에 심취해 있었다.

그런데 이규보의 기록에는 최씨 정권이 강화도에 대장도감과 선원사를 설치하고 대장경 간행을 진행했다고 했지만 최근 들어 해인사에 수장된 〈팔만대장경〉은 강화도의 대장도감이 아니라 〈팔만대장경〉 몇몇 판에 '분사도감'이라는 기록이 남아 있는 것을 바탕으로 『팔만대장경』의 일부분이 분사도감에서 만들어졌다는 주장이 나오기도 한다. 분사는 남해에 있었고, 대장경 간행 사업이 완성을 본 것은 1251년으로 일연이 정림사로 내려온 이태 뒤의 일이었다. 일연이 〈팔만대장경〉 제작에 직접 참여했다는 정확한 기록은 없다. 그러나 대장경 간행의 중추 역할을 맡고 있던 정림사 주지였던 일연이 대장경 제작을 전부 도맡지는 않았을망정 부분적으로 참여했으리라고 짐작할 수 있다.

대장경의 완성에 많은 재산을 내놓았던 정안으로서는 그 일을 마무리해 줄 인물이 필요했고, 학문과 신앙의 경지가 무르익은 선승 일연을 찾아내어 중요한 일을 맡긴 것으로 추측하고 있다.

정안이 일연을 정림사로 초대한 그 해에 고려 정권을 장악하고 있던 최우가 숨을 거두고 그의 아들 최항이 뒤를 이었다. 정안의 누이는 최우와 혼례를 올렸지만 아들을 두지 못했다. 최우는 기생에게서 아들을 얻었는데 그가 바로 최항이었다.

 최항은 만전이라는 이름으로 출가하여 단속사에 머물렀는데 그 행실이 난잡해 많은 사람들이 괴롭힘을 당했다.

 "어려서부터 행실이 나쁘기로 소문난 인간이 무슨 재간으로 나라를 이끌겠어?"

 "부모 속을 이루 말할 수 없이 썩였다고 하는데 권력을 쥐었으니 우리 백성을 착취하는 데 온 힘을 다 기울이겠지."

 백성 누구도 최항을 반기지 않았다.

 최항의 행패는 『고려사』〈열전〉에 자세히 기록되어 있다.

 '최우의 아들인 중 만종과 만전이 쌀 50여만 석을 축적하고 그것을 밑천으로 백성에게 이자놀이를 하였다. 그리고 수하 중들을 각처로 보내어 혹독하게 부채를 독촉하고 징수한 탓에 백성은 가진 것을 다 털어주고 세납마저 제때 갚지 못할 지경이었다.'

그렇듯 행패를 부려 재산을 축적하고 나중에 정권을 거머쥔 최항은, 선대의 충직한 신하를 모두 위협적인 존재로 여겼다.

"그들이 언제 내 목을 칠지 모를 일이다. 아버지께서도 정권을 잡은 뒤에 제일 먼저 하신 일이 선대의 충직한 신하들을 없앤 것이었다."

최항은 최우 밑에서 일한 심복을 모두 죽이거나 유배를 보냈다. 그리고 은퇴해 있던 정안에게 벼슬을 내려 강화도로 불러들였다.

"이 세상 부귀영화가 얼마나 허망한 것이고, 권세나 벼슬도 얼마나 덧없는 것입니까. 꼭 벼슬을 받으실 생각이십니까? 최항은 비록 정공을 외삼촌이라고 부르기는 하지만 친외삼촌이 아닌데, 끝까지 의리를 지키지는 않을 것입니다."

"안 가도 뒤탈이 있을 것이고, 가도 뒤탈이 있겠지요."

정안은 최항의 요구를 거절하고 싶었지만 뚜렷한 명분이

동화사
493년(신라 소지왕 15) 극달이 세운 유가사를 832년(흥덕왕 7)에 심지 왕사가 중건할 때 사찰 주변에 오동나무 꽃이 만발하여 있어 동화사라 개칭하였다고 전한다.

없었다.

"사람은 누구나 산꼭대기까지 오를 수 있기를 바라지요. 그리고 남들보다 조금이라도 더 빨리 오르려고 하지요. 벼슬이나 직책도 험한 산길을 더 높이 오르는 것과 다를 바가 없습니다. 많이 오르면 오를수록 더 위험해질 수밖에 없지요. 앞뒤 생각 없이 오르다 보면 이미 날이 어두워 길을 잃을 수도 있고, 주변에 아무도 없으니 혼자 헤매다 벼랑에서 떨어지거나 맹수를 만날 수도 있지요."

"스님께서는 제가 홀로 높은 산에 올랐다가 깜깜한 밤중에 어찌 산에서 내려올지를 걱정하고 계시군요. 하지만 제가 최항의 요구를 거절한다면 저희 집안 전체가 위험해질 것입니다. 최항은 기생의 몸에서 태어난 사람이라 자신을 무시했다고 여겨지는 사람이라면 물불을 가리지 않고 없애고 마는 사람이니까요."

"특히 정공에 대해서는 더 그러하겠지요."

결국 정안은 최항의 요구를 거절하지 못하고 강화도에 들어가기로 결정했다.

"부처님께서는 이런 말씀을 하셨습니다. '나는 의원과 같아서 병을 알고 약을 주지만, 중생이 그 약을 받아서 먹고 안 먹고는 나에게 달린 일이 아니요, 나는 길라잡이와 같아서 좋은 길을 가르쳐 주었지만, 그 길을 가고 아니 가고는 중생에게 달렸느니라.'"

강화도로 들어간 정안은 참지정사 자리에 앉았다. 그 소식을 들은 일연의 마음은 더 무겁기만 했다.

"참지정사에 이르렀다면 일찍 벼슬을 그만두고 내려오기는 틀렸구나. 하지만 최항은 정안의 벼슬이 계속 오르게 내버려두진 않을 것이다."

그리고 그로부터 석 달이 지난 그 해 6월이었다.

"정안 나리께서 죽었답니다."

"죽다니? 엊그제 참지정사 벼슬에 올랐다는 소식을 들었는데, 무슨 까닭으로 죽었단 말인가?"

"최항은 정안 나리께서 워낙 인품이 뛰어나 주변으로 많은 사람이 몰려드는 것을 못마땅해 했답니다. 그런데 정안 나리께서 임보라는 벼슬아치 집에서 내시 이덕영, 위주 부사 석연분 등과 함께 최항이 사람을 너무 많이 죽인다고 한탄했는데, 시중을 들던 계집종이 그 말을 듣고는 관아로 달려가 고발을 했다고 합니다. 그래서 최항은 정안 나리를 백령도로 유배 보내는 도중에 바다에 빠뜨려 죽였다고 합니다."

불영사 종루(경상북도 울진군)
651년 전덕여왕 때 의상 대사가 창건했다. 앞의 큰 못에 있는 아홉 마리의 용을 주문으로 쫓아낸 후에 그 자리에 절을 짓고 서편에 부처의 형상을 한 바위가 있어 그 그림자가 항상 못에 보여서 불영사라 불렀다고 한다.

"부처님께서는 세속의 불자들에게 다섯 가지 계를 내리셨다. 그 가운데 네 번째가 불망어이니, 사람의 혀에는 도끼가 들어 있어서 때로는 남을 해치고, 때로는 자신을 해친다고 했는데, 정안은 그 말을 잊었구나."

일연은 정안의 죽음을 크게 안타까워했다.

"권세란 칼날에 묻은 꿀과 같아서, 어리석은 사람은 칼날에 묻은 꿀을 혀로 핥으려고 소동을 피우다가 결국 혀를 상하게 되는 것이다. 권세에 집착하면 반드시 피를 부르게 되고, 재물에 집착하면 반드시 허욕에 사로잡혀 스스로를 망치나니, 불나비가 불만 보면 덤벼들어 스스로 그 불에 타죽는 것과 다를 바가 없구나."

일연은 자신을 처음으로 천거했고, 후원자 역할을 한 정안의 죽음을 『삼국유사』에 신충의 이야기로 대신해 놓았다.

'신충은 효성왕이 왕위에 오르기 전부터 절친했다. 신충과 효성왕은 잣나무 밑에서 자주 바둑을 두었는데, 효성왕은 그런 신충이 고마워서 약속을 한 가지 했다.

"내가 만약 하늘의 도우심을 받아 왕위에 오른다면 그대를 잊지 않을 것을 이 잣나무에 대고 맹세하오."

그러나 효성왕은 왕위에 오른 뒤, 그 약속을 까맣게 잊고 말았다. 신충은 조정에서 끝내 아무런 연락이 오지 않자 효성왕과 함께 바둑을 두며 놀았던 잣나무 밑에서 '원가'를 지었다.

'좋은 잣은

가을이 와도 쉬 지지 않는다네.

너 어찌 잊겠는가

우러르던 낯이 있었는데.

달그림자는 옛 못에서

흐르는 물결을 애처로워하는구나.

모습은 바라보지만

세상 모두 아쉽기만 할 뿐.'

그런데 놀라운 일이 일어났다. 원가를 부르고 나자 생생하던 잣나무 잎이 순식간에 바짝 메말라 버리고 우수수 떨어졌다. 그 기이한 소문은 효성왕에게 곧장 전해졌고, 그때서야 약속을 기억해낸 왕은 신충을 불러 가까이 있게 했다. 그러나 신충은 말년에 큰 깨달음을 얻었다.

"세속의 명예와 권력이 좋다고는 하지만 인생의 무상함을 무엇으로 해결한단 말인가."

신충은 벼슬을 그만두고 산으로 들어가 절을 지었는데, 그 절이 단속사였다. 그리고 최항이 승려 시절에 머물렀던 곳이 단속사였다.

신충과 정안, 두 사람 모두 말년에 절을 짓고 은거 생활을 하려 했지만 신충은 삶을 편안하게 마무리했고, 정안은 다시 세상 밖으로 나가 비참한 최후를 맞이하고 말았다.

"모두 이기심과 탐욕에서 비롯된 불행이로구나. 현실 정치가 그토록 무섭단 말인가.'"

일연은 신충과 정안을 비교하며 이기심과 탐욕이 얼마나 무서운 것인가를 다시 한 번 깨달았던 것이다.

일연은 남해 지방에서 주지로 머물며 많은 역사 의식을 갖게 된다. 인도 아유타국의 공주인 허황옥이 가져왔다는 석탑을 직접 보기 위해 파사석탑이 있는 호계사를 직접 찾아가 보기도 했다.

그리고 훗날, 일연은 『삼국유사』 '금관성 파사석탑'에 그 탑을 자세히 기록해 놓았다.
'장방형의 탑은 오층인데 그 조각은 매우 신기하며 돌은 약간 붉은빛 무늬가 있고 재질이 조금 연하니 이 지방 물건이 아니다.'

무신들의 몰락과 서서히 되살아나는 왕권

정안이 죽음을 당한 뒤, 일연은 쉰한 살이 되던 1256년에 윤산(남해의 옛 지명)에 있는 길상암으로 옮겨 가 한가한 시간을 보냈다.

"오랜만에 한가한 시간을 얻었으니, 그 동안 쓰고 싶었던 글을 쓰며 지내야 되겠구나."

계속되는 몽골의 침략이 고려의 강토를 휩쓸고 있었지만, 일연은 그곳에서 5년 동안 『중편조동오위』*의 편찬에 매달렸다.

그 동안 나라에서는 큰 변화가 일고 있었다. 나는 새도

『중편조동오위』는 중국 선종의 일파인 조동종의 오위설에 일연이 주(註)를 보완한 책으로 3권의 목판본이다. 1256년(고종 43)에 두륜산 길상암에서 간행했다. 원래 책명만 전해 올 뿐 없어진 것으로 알려져 있었는데, 연세대학의 민영규 교수가 경도대학교에 소장되어 있는 1680년(숙종 6) 판본이 일연의 저술임을 밝혀냈다.

떨어뜨리던 최항이 병을 얻어 죽은 것이다. 그 뒤를 이은 것은 최항의 아들 최의였다. 최의는 권세를 잡은 뒤에 최항이 총애했던 신하는 물론이고 그의 첩들까지 귀양을 보내 버렸다.

"최의까지 권력을 장악하니 최충헌과 최우, 최항에 이어 4대째 무신 정권이 고려를 쥐고 흔드는구나. 임금은 있으나마나 한 세상이니 언제쯤 안정이 된단 말인가."

비록 깊은 산중에 머물고 있었지만 일연은 늘 나라를 걱정했다.

그런데 패악을 일삼던 최의가 1년도 안 되어 권좌에서 밀려났다. 그는 조정 대신들의 지지를 얻지 못한 채 어지러운 정사를 거듭하다가, 김인준과 유경 등에게 살해되고 만 것이다.

일연은 선사 자리에 오른 지 13년이 지난 1259년, 대선사라는 승계를 받았다. 하지만 여전히 길상암에 머물렀다.

그리고 고종의 뒤를 이어 왕위에 오른 원종(고려 제24

범어사
범어사는 금정산에 있는 절이다. 678년 신라 문무왕 시절에 의상에 의해서 지어졌다. 후에 조계종으로 합쳐진 화엄종의 10대 사찰 안에 속했다. 고려 시대에 최전성기를 누렸으며, 그 때는 지금보다 훨씬 더 큰 규모였다.

대)이 일연을 부른 것은 1261년의 일이었다.『중편조동오위』를 완성한 다음해였다.

　일연은 이 책에서 군신간의 단합을 강조했는데, 그것은 시기적으로 매우 필요한 대목이었다.『중편조동오위』가 세상에 나온 뒤에 일연의 명성이 널리 퍼졌다. 원종은 자신을 도와줄 사람으로 일연이 적임자라 생각하고, 즉시 불러들였다.

"밖으로는 아직 몽골군이 철수하지 않았고, 안으로는 전란과 흉년이 겹쳐 백성의 고초가 이만저만 큰 것이 아닌데, 대체 어떻게 이 난국을 헤쳐 나갈지 그저 답답할 따름이오."

"강화도로 오는 길에 벼슬 높은 분들이 관군을 이끌고 사냥을 떠나는 것을 보았습니다. 이 나라 국토는 수십 년 전란으로 병들 대로 병이 들었습니다. 또한 전쟁 중에 죽은 백성들의 원한이 사무쳐 구천을 헤매고 있습니다. 그런데 조정의 문무백관들이 활을 들고 이 땅의 짐승들을 함부로 잡아 죽인다면, 이 또한 산목숨을 가벼이 여기는 일이니 반드시 경계해야 할 것입니다."

"알겠소. 당장 문무백관들에게 사냥을 금지시키고, 궁으로 상납하는 음식물에도 짐승의 고기는 포함시키지 말라고 명을 내리겠소."

원종은 그 자리에서 일연에게 선월사의 주지를 맡으라고

했다.

"선월사의 첫 번째 주지는 진명 국사였고, 두 번째 주지는 원오 국사였소. 이제 대사께서 세 번째 주지가 되어 주시오."

일연의 비문에는 원종이 일연을 강화도로 부른 것을 다음과 같이 기록해 놓았다.

'중통 신유년, 임금의 부름을 받고 서울로 가서 선월사에 주석하고 개당하여 목우 화상을 이었다.'

원종은 수선사 계통의 승려들을 모두 몰아내야 할 상황에 놓여 있었고, 그러자면 새로운 불교 세력이 필요했다. 따라서 아직 세력이 크지 않은 일연의 가지산문이 가장 믿을 만했던 것이다.

"최씨 정권이 무너진 지 3년이나 되었지만 아직도 나라 안팎이 어지러우니, 부디 스님께서 우리 고려와 왕실을 위해 많은 노력을 기울여 주시오."

수선사 계통 승려들은 무인들이 정권을 잡고 있던 시절에 최씨 집안과 가깝게 지냈다. 그들은 최씨 정권을 도우며 몽골에 대항하는 데도 적극적이었다.

그러나 무인 정권이 무너지자 몽골은 제일 먼저 그들을 몰아낼 것을 강요했다.

"수선사의 승려들로 인해 우리 몽골이 입은 피해는 이루 말할 수 없소. 고려 왕실은 우리의 도움으로 무인 정권을 몰아내는 데 성공했으니, 그들에게 협조를 아끼지 않았던 수선사를 없애도록 하시오!"

고려 조정에서도 수선사 계통 승려들을 몰아내라는 몽골의 요구를 마다할 이유가 없었다.

"불교 세력의 근간을 이루고 있던 수선사 계통 승려들을 모두 축출해야 제대로 왕권을 강화할 수 있다."

그러나 무인들의 정권이 무너지고 왕정이 복구되었다고 하지만, 아직도 그들의 세력은 언제든 왕을 폐위시킬 정도로 정권을 휘두르고 있었다.

"몽골과의 전쟁이 끝났는데도 조정은 지금까지 개성으로 돌아가지 못하고 있으니……. 도대체 언제 이 나라가 평화를 되찾는단 말인가."

일연은 선월사 주지를 맡아 불경을 가르치며, 나라의 안녕을 위해 많은 노력을 기울였다. 하지만 고려 왕실은 옛날의 권위를 되찾지 못하고 있었다.

"예전에는 무신 정권의 칼날 앞에서 꼼짝 못하더니, 이제는 이민족의 칼날 아래 복종하는 꼴이 되고 말았구나. 왕의 권위도, 민족의 자존심도 모두 사라지고 말았어."

일연은 전란의 후유증을 겪고 있는 고려와 백성들을 보며 몹시 안타까웠다. 그는 정치적으로 중립의 위치에 있기 때문에 중앙에 진출할 수 있었는데, 한 치 앞을 내다볼 수 없는 나라의 사정을 보며 다시 한 번 인생의 허무함을 절실하게 깨달았다.

"더 이상은 지옥 같은 정치 세계를 구경하기 싫구나."

금산사
금산사는 전라북도 김제시에 있는 사찰로 백제 법왕 원년(599)에 창건되었고 진표 율사에 의해서 중창되었다. 후백제 935년에 견훤이 장남 신검에 의해 유폐된 곳이기도 하다. 고려 문종 33년에 혜덕 왕사가 재중창하여 전성기를 이루었으며, 고려 충숙왕 15년에 원명 해원에 의해 중창되었다.

일연은 강화도를 떠나 고향으로 돌아가고 싶었다.

"부디 남쪽으로 돌아갈 수 있도록 허락하여 주십시오."

일연은 임금 앞에서 여러 차례 청을 했다. 그리고 선월사에서 설법한 지 4년만인 1264년 가을에 마침내 포항의 오어사로 옮겼다. 그 때가 쉰아홉 살이었다.

그러나 일연은 오어사에서 1년간 머물렀을 뿐이었다.

비록 오어사에서 1년을 머물렀지만, 일연은 훗날 그곳에 머물며 들었던 '탈해 설화', '연오랑과 세오녀' 등을 남겨 놓을 수 있었다.

일연은 『삼국유사』에 '연오랑과 세오녀'에 대해서는 이렇게 기록해 놓았다.

'동해 바닷가에 살던 연오와 세오 부부가 일본으로 간 것은 신라 제8대 아달라왕 때였다. 하루는 바위가 하나 떠오르더니 연오를 태우고 일본 땅으로 향했다. 그 후 연오의 부인인 세오도 바위를 타고 일본으로 건너갔고, 연오와 세오는 일본에서 왕이 되었다.'

그런데 일연은 그 이야기 끝에 '일본 왕 가운데 신라 사람이 그리 되었다는 기록이 없으므로 아마도 한 지역을 다스리는 왕이었을 것이다'라고 기록해 놓았다.

일연은 오어사와 관련해 원효와 혜공에 대한 이야기도 기록해 놓았다.

'혜공[*]'은 비천한 집안에서 태어났다. 그의 어머니는 남의 집 노비였지만 혜공이 범상한 인물이 아니라는 것을 파악한 주인이 면천을 해 주어 승려가 되게 하였다.

원효와 혜공은 함께 걸식을 하면서 전국을 헤매고 다닌 적이 있었다.

어느 때는 밥을 구하지 못해 몇 끼를 굶기도 했다.

하루는 냇가를 지나는데 혜공이 원효에게 말했다.

"내가 물고기를 큰 돌로 잡을 테니 떠내려가지 않게 잘 건지시오."

걸식의 경험이 많은 혜공과 달리 유복하게 살았던 원효는 물고기 잡는 법에 익숙하지 않았기 때문에 결국 혜공은 혼자서 여러 마리의 물고기를 잡았다.

혜공은 천진공이라는 사람의 집에서 품팔이하던 노파의 아들로, 기이한 행동을 많이 하였고, 승려가 된 뒤에도 술과 춤을 좋아하였다. 삼태기를 등에 지고 거리를 다녔으므로 부궤화상으로 불렸으며, 그의 암자를 부개사라고 하였다. 만년에는 항사사에 있으면서 원효가 경과 소를 지을 때 자문에 응하였다. 신라 10성(신라 때 이름난 승려 열 사람을 일컫는 말)의 한 사람으로 일컬었다.

"이걸로 오늘 저녁 끼니를 때우면 되겠구나."

두 사람은 불을 피워서 물고기를 익혀 맛있게 나눠 먹었다. 그렇게 맛있게 물고기를 먹은 두 사람은 갑자기 배가 아파 나란히 앉아 똥을 누었다.

똥을 다 눈 뒤에 혜공이 원효가 눈 똥을 보고는 크게 소리를 질렀다.

"살아 있는 물고기나 잡아먹고 똥만 싸는 놈아!"

"살아 있는 물고기를 잡아먹은 것은 혜공 스님도 마찬가지요!"

혜공의 말에 화가 나서 소리를 버럭 지른 원효는 순간적으로 혜공의 말뜻을 깨달았다.

"혜공은 귀족 불교에 심취해서 경전 해석에만 매달리느라 배고픈 민중들의 삶을 외면하는 나를 나무라고 있구나."

원효는 혜공의 말을 듣고 자신의 부족함이 무엇인지 스스로를 되돌아보았다는 것이다.

혜공은 말년에 오어사에서 지냈다. 그리고 죽을 때는 공중

에 떠서 사라졌다고 한다.'

일연은 『삼국유사』에 오어사의 유례를 이렇게 적어 놓았다. '하루는 두 분(원효와 혜공)이 냇가에서 고기를 잡아먹고 돌 위에 똥을 누었는데, 혜공이 그것을 가리키며 '너는 똥이고 나는 고기(吾)다' 라고 하여 절 이름을 오어사라 했다.'

일연은 『삼국유사』에 바다와 관련하여 용의 이야기를 많이 등장시켰다. '수로 부인'은 미모의 강릉태수 부인 수로가 동해 용에게 잡혀 간 이야기다.

'바닷가 사람들이 모두 모여 "거북아, 거북아, 수로 부인을 내놓아라. 남의 부인 앗아간 죄 크고 크도다. 만일 내놓지 않으면 그물로 너를 잡아 구워 먹으리라." 하고 노래를 부르며 막대기로 마구 땅을 쳤다. 그러자 용이 부인을 받쳐 들고 밖으로 나왔다.'

〈만파식적〉은 신라 신문왕 시절에 있었던 이야기다.

감은사 앞의 바닷가에서 기이한 일이 벌어졌다. 한 작은 산이 감은사를 향하여 떠 와서 파도가 노는 대로 왔다갔다했다. 왕이 그 연유를 묻자 일관이 대답했다.

"선대 임금이 지금 바다 용이 되어 삼한을 수호하고 계십니다. 또 김유신이 33천(불교에서 말하는 육욕천 중의 두번째 하늘로 수미산 정상에 위치)의 한 분으로, 두 분 성인의 덕행이 같으신지라 나라를 지키는 보물을 내리시려는 것이니, 왕께서 해변으로 나가시면 값진 보물을 얻을 수 있습니다."

그 말을 들은 왕이 바다로 나가 보니 거북 모양의 돌섬 위에 서 있던 대나무가 낮에는 둘로 갈라졌다가 밤에는 하나로 합쳐졌다. 대나무가 합쳐지면 천지가 진동하고 비바람이 거세게 몰아쳤다. 그 때 바다 용이 나타나 왕에게 "대나무를 가져다 피리를 만들어 불면 천하가 화평할 것이오."라고 말해 주었다. 그렇게 해서 만들어진 것이 만파식적이었다.

그 피리는 나라를 지키는 보물로 신라의 삼대 보배 중의 하

나였다.'

일연은 신라의 멸망에 대해 '처용가'를 통해 안타까움을 표현해 놓았다.

'신라의 헌강왕 무렵은 신라의 번성이 극에 달했고, 경주의 집들은 모두 기와로 지붕을 이었고, 땔감으로는 숯만 썼을 정도였다. 그러나 지나친 사치로 신라는 기강이 흐트러지고 계층간의 불화를 겪으며 서서히 멸망의 길로 들어설 수밖에 없었다.

헌강왕은 울산을 순행하는 도중에 해변에서 앞이 안 보일 정도의 운무를 만났다.

"무슨 이유 때문인지 즉시 알아보도록 해라."

놀란 헌강왕은 일관에게 이유를 점쳐 보게 했다.

"동해 용이 일으킨 변고입니다. 동해 용을 다스리려면 좋은 일을 베풀어야 할 것입니다."

"그렇다면 이 근처에 절을 짓도록 하라!"

금산사 미륵전(국보 62호)
전라북도 김제시 금산면 금산사에 있는 1635년(인조 13)에 지은 목조 건물

헌강왕은 즉시 절을 짓게 했다. 그러자 운무가 말끔하게 개었다.

"이 절의 이름을 망해사라고 할 것이다!"

그리고 절이 다 지어진 뒤, 동해 왕이 헌강왕 앞에 나타나 춤을 추었다.

"마마의 덕을 높이 사고 제 일곱 아들 중 하나를 왕께 딸려 보내어 보필하도록 하겠습니다."

동해 왕은 아들 하나를 보내 주었고, 그 아들이 처용이었다. 그러나 왕을 따라 서라벌로 온 처용은 아내 때문에 많은 수난을 겪었고, 아내와 동침하는 역신을 쫓아내기 위해 '처용가'를 지어 불렀다.

처용 이야기가 나오는 '처용랑 망해사' 조에는 헌강왕이 주인공이다. 왕이 여러 곳을 돌아다니며 신들을 만났는데 신들은 헌강왕 앞에서 춤을 추었고, 왕은 신들에게 배운 춤을 따라 추고는 했다.'

일연은 그 이야기를 『삼국유사』에 이렇게 정리해 놓았다.
'이는 땅의 신과 산의 신이 나라가 장차 망할 것을 알고 춤을 추어 경고한 것인데, 나라 사람들은 깨닫지 못하고 도리어 좋은 징조라 하며 탐락에 깊이 빠져들었다. 그러므로 나라는 망했던 것이다.'

원나라의 부마 신세인 충렬왕의 근심

오어사에서 잠시 머물렀던 일연은 인홍사로 자리를 옮겼다. 그 때가 환갑의 나이가 된 1264년(원종 5)이었다. 인홍사는 포산 기슭에 위치해 있었다.

"고향과 가까운 곳에 다시 돌아오니 마음이 편안하구나. 이곳에서 사찰을 다시 짓고, 불경을 탐구하고 펴내어 포교에 힘써야겠구나."

일연은 13년 후에 왕명을 좇아 운문사로 가기 전까지 인홍사에 머물렀다.

일연이 인홍사에 왔을 때, 그 절의 주지는 만회였다.

"일연 스님께서 이 절로 오셨으니 마땅히 주지 자리를 넘기겠습니다. 부디 주석을 맡아 후학을 지도해 주십시오."

만회는 그 절의 주지 자리를 일연에게 양보했다.

이 일은 일연의 비문에 다음과 같이 적혀 있다.
'(오어사에서 머문 지) 얼마 되지 않아 인홍사의 주지인 만회가 주석을 스님에게 양보하였다. 그러자 배우려는 자들이 구름처럼 몰려들었다.'

"일연 스님의 설법을 들을 수 있게 되다니, 얼마나 기쁜지 모르겠어."

"산 부처나 마찬가지인 일연 스님을 만나고 나면, 모든 근심 걱정이 말끔하게 지워지는 것 같다니까."

고려 전역에 일연의 인격과 학식이 널리 퍼져 있었고, 수많은 사람들이 일연의 설법을 듣기 위해 인홍사로 몰려들었다.

일연이 인홍사에서 머문 지 11년 만인 1274년, 조정에

화엄사 사사자삼층석탑(전라남도 구례군)
화엄사는 백제 시대 사찰이다. 이 절이 이름 높은 까닭은 신라 문무왕 때 의상 대사가 '화엄경'을 선양하여 화엄 10대 사찰의 하나가 된 때문이다.

서는 그의 요청대로 절을 중수했다. 그리고 절의 이름을 인홍사(仁弘寺)에서 인흥사(仁興寺)로 고쳤다. 또한 포산 동쪽 기슭에 있는 옥천사를 중창해 불일사로 삼았다.

　원종 9년(1268)에 일연은 운해사에서 열린 대장경 낙성회의 주맹으로 초청받아 이름난 승려들 1백 명 앞에서 설법을 폈다. 대장경 낙성회는 〈팔만대장경〉의 완성을 축하하는 행사였는데, 그 자리에서 일연이 주맹을 맡았던 것이다. 〈팔만대장경〉이 완성된 지 13년이 지나서야 축하 행사를 한 것은, 고려로서는 그만큼 중요한 일이었고, 국력을 총동원했을 정도로 거대한 행사였기 때문이다.

일연의 비에는 그 일을 이렇게 적어 놓았다.

'무진년 여름에는 조정에서 교지를 내려, 선종과 교종의 이름난 승려 1백 명 이상을 모아 운해사에서 대장경 낙성회를 열고, 스님이 자강사를 보았다. 낮에 불경을 읽고 밤에는 교리의 핵심을 담론했는데, 여러 학승들이 평소에 의문을 품고 있던 바를 모두 해석해 냄에 있어서 마치 물 흐르는 것 같았고, 깊이 파헤친 뜻이 신들린 경지였다. 모두 경외심을 품었으며 복종하지 않는 이가 없었다.'

일연은 인홍사에서 『역대연표』(『삼국유사』 연표의 기본이 된 것으로 추정)를 제작했다. 그는 승려의 임무인 사찰 재건과 불경 탐구 및 출판을 통한 포교 활동만이 아니라, 역사서에도 무척 관심이 높았던 것이다.

1277년에 충렬왕의 조칙에 따라 운문사에 주석했는데, 운문사는 인종 때의 왕사인 학일이 선풍을 진작시켰던 가지산문에 속한 절이었다.

   일연은 그곳에서 1281년까지 머물면서 현풍을 크게 진작시켰고, 『삼국유사』를 본격적으로 쓰기 시작한 것도 그 무렵이었던 것으로 추측된다.

   "이곳 운문사를 마지막 주석처로 삼아야 되겠다."
   일연은 그곳에서 말년을 보내고 싶었다. 나이가 벌써 일흔두 살이었고, 선문에서는 최고의 경지에 올라 있었지만 차츰 여생을 정리할 때가 되었다고 여겼던 것이다.
   일연이 운문사에 머무는 동안에 수많은 불자들이 찾아들었다. 그리고 충렬왕은 날이 갈수록 그에게 의지하며, 심지어 시를 지어 보내기도 했다.

'오죽하면 또 예의를 갖춰 넌지시 전하리까?

좋은 곳 멀리서 뵈옴도 정말 기연인가 봅니다.

연공을 대궐에서 모시려 했건만

스승께선 웬일로 흰구름 가지만 그토록 사모하나이까?'

 일연은 운문사에서 말년을 지내려 했지만, 바람과 달리 고작 4년을 머물렀을 뿐이다.

 원종의 뒤를 이어 고려 제25대 왕이 된 충렬왕은, 몽골에서 귀국할 때에 이미 몽골 풍속에 따라 변발한 머리에 호복을 입고 있었다. 또한 원 세조의 딸인 제국대장공주 홀도로게리미실을 맞이할 때에는 모든 신하에게 변발을 강권했으며, 거부하는 자들은 회초리로 쳐서 식장에서 내쫓기도 했다.

 "고려 조신들 모두가 변발을 하고 호복을 입으라니, 여기가 몽골이란 말인가?"

 "왕비 한 명 때문에 고려 조신들이 꼭두각시 노릇을 해야 한단 말인가."

 백성들은 대성통곡했다. 그렇듯 철저하게 친원 정책을 표방한 충렬왕은 원의 요구를 받아들여 즉위한 지 4개월 만인 1274년 10월에 일본 정벌 계획을 단행했다. 그러나 총 4만 군사와 9백여 척의 배가 일본 정벌 길에 올랐지만, 태풍으로 인해 일본 본토는 정복하지 못하고 고작 대마도를 장악했을 뿐이다.

 "고려는 다시 일본 정벌을 준비하도록 하라! 이를 위해 정동행성을 설치하고 여원연합군 15만 명을 양성할 것이다!"

 그러나 두 번째 정벌도 역시 태풍으로 인해 실패하고 말았다.

 "고려의 불충분한 준비 때문에 일본 정벌이 실패로 끝나고 말았다. 또다시 실패하지 않도록 철저하게 준비하도록 하라!"

 원 세조는 계속 고려 조정에 일본 정벌을 강요하였고, 민

화엄사 범종각
범종각은 범종을 달아 놓은 전각을 말한다.

간의 피해는 극에 달하였다.

1281년에 일본 원정군을 위로하기 위해 경주 행재소로 내려온 충렬왕은 일연을 불렀다.

"속국의 처지에 원나라의 눈치나 살필 수밖에 없는 것이 너무도 원통하지만 어쩔 수 없는 노릇입니다. 부디 제 곁을 지켜 주시어 이 어려운 시국을 잘 넘길 수 있도록 해 주십시오. 비록 원나라의 속국으로 전락했지만 나라의 체통을 찾고 싶소. 부디 나를 도와주시오."

충렬왕은 원나라의 간섭에서 벗어나려면 먼저 나라가 부강해져야 된다고 여겼고, 그러자면 백성의 단결이 무엇보다 중요했다.

의지가 강했던 충렬왕은 주변의 능력 있는 사람들을 많이 끌어모았다. 특히 일연에게 쏟는 관심이 컸다.

일연은 이듬해 가을에는 충렬왕 앞에서 설법을 펼쳤고, 설법을 듣는 충렬왕의 얼굴은 기쁨으로 가득 찼다.

그러나 신라의 천 년 사직이 이어져 내려와 불국토를 이루었던 경주 땅은 남의 나라 전쟁을 돕는 행재소로 변해 있었다.

"화려했던 역사는 먼지와 불길 속에 휩싸여 사라졌고, 나라를 구하자는 의기는 오간 데 없이 일신의 호사를 도모하는 무리들만 들먹거리는구나."

일연은 수많은 승려들이 왕과 신료들이 내려와 있는 경주 행재소를 찾아와, 비단이며 귀한 물건을 바치며 벼슬을 구걸하는 것을 보고 몹시 부끄러웠다.

"나라의 운명이 한 치 앞을 내다볼 수 없을 정도로 다급하고, 백성은 도탄에 빠져 허덕이는데, 백성의 정신을 구제할 책임이 있는 승려들이 제 욕심에 눈이 어두워 벼슬을 사려고 혈안이 되어 있다니……."

일연은 왕과 함께 황룡사를 찾아가 황량하게 변해버린 절터를 보고 몹시 허탈해 했다.

"몽골군이 이 나라의 가장 큰 문화 재산을 모조리 짓밟았구나."

서라벌 어디에서든 다 볼 수 있을 정도로 높았던 황룡사 9층 석탑도 잿더미로 변하고 말았다.

"해동 불교의 자존심이며 불국토 사상의 정화였던 황룡사가 이렇듯 처참하게 사라질 줄 누가 알았단 말인가. 몽골군의 노략질 가운데서도 이만큼 큰 손해는 또 없을 것이다. 아직도 구층탑이 우뚝 솟아 경주를 내려다보고 있을 것 같건만……."

황룡사 구층탑은 전란 중에 무너지고 말았지만, 그 와중에도 경주를 꿋꿋하게 지킨 것은 남산이었다.

"황룡사 구층탑도 사라지고 즐비하던 기와집도 허물어져 폐허로 변했지만, 남산만은 변함없이 경주를 감싸며 위로하고 있구나."

일연은 충렬왕을 도우며 1년 동안 경주에서 지내다 그 이듬해에 개경으로 향했다.

"이제야 왕 노릇을 제대로 할 수 있을 모양이오."

충렬왕은 그런 말로 1년 만에 도성으로 돌아가는 것을 반겼지만, 나라 사정은 조금도 나아진 것이 없었다.

충렬왕을 괴롭히는 것은 도탄에 빠진 나라 사정만이 아니었다.

왕비로 맞이한 원나라 공주의 횡포는 이루 말할 수 없었다. 심지어는 충렬왕의 뺨을 거침없이 때리기도 했다.

"속국의 처지로 원나라 공주와 결혼했다면 비록 왕의 자리에 있을망정 당연히 원나라 공주인 내가 더 윗자리에 앉아야 할 것 아닙니까?"

원나라 공주는 도성 근처의 절을 찾았을 때 왕이 먼저 안으로 들어갔다는 사실 때문에 행차를 돌려버리기도 했다.

"왜 이러시오. 많은 신료들이 보고 있으니 제발 행차를 멈추지 마시오."

충렬왕이 공주를 붙들고 통사정을 했지만, 공주는 손톱을 세워 왕의 얼굴을 할퀴었다.

"앞으로 두 번 다시 나를 앞질렀다가는 용서하지 않을 것입니다. 그것은 우리 원나라를 무시한 것과 다를 바 없으니까요."

공주는 화풀이를 하고서야 마음을 돌렸고, 왕은 공주가 절로 들어가는 것을 뒤따라야 했다.

"말만 왕이지 사사건건 원나라 간섭을 피할 길이 없구나."

충렬왕은 날이 갈수록 국사에 관심을 잃고 방탕하게 하루하루를 지냈다.

"재주와 학식이 남달랐던 왕이셨고 쓰러져 가는 고려 사직을 일으킬 분이라고 굳게 믿었건만, 저렇듯 체념에 빠져 방탕하게 지내시다니……."

일연은 하루빨리 번거로운 생활에서 벗어나고 싶었다. 그러나 심기가 불편한 왕의 간청을 뿌리치고 고향으로 돌아갈 수가 없었다.

"나는 대선사의 설법을 들으면 마음이 차분하게 가라앉아 근심 걱정이 눈 녹듯이 사라지는 것 같구려."

충렬왕은 일연을 자주 대전으로 불러 설법을 듣고는 했는데 그럴 때마다 용안이 환히 빛났다. 일연은 충렬왕에게 항상 마음을 다해 선을 설법하였고, 충렬왕은 그런 일연을 극진한 예우로 대했다.

"대선사는 광명사에 거처를 마련하도록 하시오."

광명사는 왕의 원찰(願刹 : 죽은 이의 명복을 빌기 위한 사찰)이었다.

『고려사』에는 충렬왕과 일연의 만남을 두 차례에 걸쳐 적고 있다.

'10월 임인일, 왕이 중 견명(일연)을 내전으로 맞아들였다.'

'12월 을미일, 왕과 공주가 광명사에 가서 중 견명을 방문하였다. 1월 갑술일, 재상들이 왕의 병을 치료하기 위해 광명사에서 법회를 베풀었다.'

이런 기록들로 보아 충렬왕이 일연에게 건 기대가 무척 컸고, 중신들도 모두 일연을 존경했던 것으로 보인다.

충렬왕은 1283년(충렬왕 9)에 일연을 국사로 봉했다.

"우리 선왕들은 높은 이를 왕사로 삼았으며 더욱 높은 이는 국사로 삼았으니, 덕이 없고서야 어찌 가능한 일이겠는가. 이제 운문 화상(일연을 가리킴)은 도와 덕이 높고 위대하여 사람들이 모두 우러르는 바다. 어찌 나만 홀로 자애로운 은택을 입겠는가. 마땅히 온 백성이 함께 은혜를 받아야 할 것이다."

해남
전라남도 남서부에 있는 군. 고려 때 지금의 지명인 해남으로 고쳐 영암에 속하였다.

충렬왕은 우승지인 염상익을 보내 국사로 모시는 절차를 갖추도록 하였다.

"소승의 세속 나이가 일흔여덟인데 이제 와서 어찌 중요한 국사를 맡겠습니까. 나보다 젊고 유능한 분을 국사로 맞이해 고려 사직을 잘 보호하고, 백성을 위로할 수 있도록 하십시오."

일연은 국사 자리를 사양하는 글을 올렸다. 그러나 충렬왕은 세 번이나 신하를 보내 국사를 맡아 줄 것을 청했고, 일연도 마지못해 허락을 했다.

"우리 고려는 많은 사람들의 신앙으로 정착되어 있는 만큼, 민중을 도덕적으로 교화할 수 있는 정신적 지도자로서 큰 역할을 해 주시오."

국사는 특별한 임무가 주어져 있지 않은 상징적인 자리였지만 왕은 물론이고 백성 모두 국사를 우러르며 따랐다.

일연은 충렬왕의 청에 못이겨 마지못해 국사를 맡았지만 자나깨나 고향으로 돌아가는 것이 소원이었다.

그는 평소 번잡한 서울 생활을 즐겨하지 않았다.

"아직 노모가 살아 계시는데 더 늦기 전에 돌아가 효도를 하고자 합니다. 모자란 자식의 도리를 할 수 있도록 저를 고향으로 돌아가게 해 주십시오."

일연은 충렬왕에게 거듭 간청했고, 충렬왕은 일연의 뜻이 매우 깊어 결국 허락하였다.

그 때 일연의 어머니는 아흔다섯 살이었다.

그 사실을 비문에는 이렇게 적어 놓았다.

'스님은 평소에 소란스런 서울을 좋아하지 않았고, 어머니도 늙으셔서 고향으로 돌아가기를 간청했다. 말의 뜻이 매우 간절하여 임금도 거듭 받아들이지 않다가 허락하였다. 근시 좌랑 황수명에게 명하여 하산하는 것을 호위하게 했는데, 안팎의 사람들이 드문 일이라 하여 감탄해 마지않았다.'

일연의 어머니는 1년 후에 세상을 떠났다.

어머니 장례를 마친 일연은 인각사로 거처를 옮겼다. 충렬왕은 명을 내려 인각사를 수리하게 하는 한편, 납토전 100경을 내려 경비로 충당하게 했다.

일연은 젊은 제자들에게 칼날 같은 질문으로 선지를 밝혀 주고, 때로는 자상한 설법으로 부처님의 자비로움을 몸소 보여 주기도 했다. 일연은 인각사에서 구산 문도회(요즘의 전국 불교도 대회)를 두 차례나 열었는데 유례가 없을 정도로 대단한 성황이었다.

해금강
숙종 24년(1698) 고성 군수로 있던 남택하가 찾아내고 '금강산의 얼굴빛과 같다' 하여 해금강이라 이름 붙였다.

"부처님은 대중들이 얼마나 시주했는가에 대해서는 전혀 관심이 없어. 다만 여기 모인 대중들 한 사람 한 사람이 제 몸에 붙어 있는 도둑놈을 잘 단속하고 있나, 그것을 가장 많이 살펴보고 계시지. 첫째 도둑이 무엇이냐? 바로 눈도둑놈이야. 비단옷에, 값진 보석에, 으리으리한 집에, 욕심나는 것이라면 뭐든지 갖고 싶어하는 큰 도둑놈이지. 그럼 둘째 도둑놈은 누구냐? 바로 귀 도둑이지. 달콤한 소리, 입에 발린 아첨 소리, 듣기 좋은 소리만 좋아해서 패가망신하기 딱 좋게 만드는 놈이지. 그럼 셋째 도둑은 뭐냐? 콧구멍 도둑이지. 좋은 냄새는 잘도 맡으면서 나쁜 냄새는 남에게 맡게 하는 몹쓸 도둑이지. 네 번째 도둑은 누구냐? 혓바닥 도둑이야. 거짓말을 잘하고, 이 말 저 말 옮기면서 중상 모략도 서슴없이 하고, 맛난 것만 욕심 부리는 도둑이지. 그리고 다섯 번째 도둑이 누구냐면, 몸뚱이 도둑이야. 도둑질, 살생, 못된 음행을 저지르니 도둑 중에서도 가장 큰 도둑이지. 그리고 여섯 번째 도둑이 누구냐? 생각 도둑놈이지. 어리석게도 제 마음대로 저놈은 좋은 놈, 저놈은 싫은 놈, 멋대로 결정해 놓지. 싫은 놈을 보면 저놈을 언제 없애지, 혼자서 이를 갈며 난리를 피워. 여기 있는 대중들은 내 몸에 붙어 있는 여섯 도둑을 과연 잘 단속하고 있는지 부처님이 살펴보고 계시지. 사람마다 여섯 도둑을 잘 단속하면 복을 받을 것이고, 만일 단속을 제대로 못하면 패가망신에 지옥행을 면치 못할 일이로다!"

일연은 말년을 인각사에서 조용히 보내고 싶었지만, 설법을 듣기 위해 밀려드는 인파를 위해 설법을 펼치며 끊임없이 정진했다.

『삼국유사』의 탄생

 일연은 인각사에서 가장 중요한 일을 해냈다. 바로 『삼국유사』를 완성했던 것이다.

 "평생의 숙원을 비로소 다 풀었구나. 생을 마감하기 전에 완성할 수 있어서 참으로 고마운 일이로다. 이 책이 도탄에 빠진 민중의 정신 세계를 구제할 수 있다면 얼마나 기쁜 일이겠는가."

 일연은 몽골이 침입해 왔을 동안 목숨을 보존하기도 힘든 위험 속에서 살았고, 민족의 자존이 철저하게 짓밟히는 시기에 나라의 중요한 자리인 국사를 맡았다. 그런 만큼 민족의 자존심 회복이 무엇보다 소중하다는 것을 잘 알고 있었던 것이다.

"우리는 쓰러진 역사의 영광을 다시 되살려야 한다."

일연은 비록 나라 안팎이 살얼음판이었지만, 백성들이 나라의 영광스러운 역사를 기억한다면 반드시 언젠가는 일어서리라 여겼을 것이다. 그렇기에 일연은 잊힐 뻔했던 고대 삼국사의 정취를 낱낱이 기록하는 데도 노력을 아끼지 않았다. 역사와 전통의 유구함과 신성함을 새로이 인식함으로써 민족의 자주 정신을 강조하고, 어려운 현실을 극복하고자 했던 것이다.

〈팔만대장경〉 판각에도 관여했을 것으로 짐작되는 일연에게 『삼국유사』의 완성 또한 더없이 소중한 일이었을 것이다.

"삼국유사를 보면 마치 그 현장을 직접 눈으로 보는 것 같다니까."

"자신이 직접 현장을 보지 않고 기록했다고는 믿기지 않을 만큼 사실적이야."

해금강의 삼일포
전설에 따르면 신선 또는 화랑들이 경치가 매우 좋아 사흘 동안 머물고 갔기 때문에 삼일포라는 지명이 붙었다고 한다.

　사람들은 『삼국유사』에 적힌 글들을 읽으며 사실성과 친근감을 함께 느꼈다.

　일연은 젊은 시절부터 수집한 수많은 자료를 토대로 『삼국유사』를 완성했을 것으로 짐작된다.

　충렬왕도 일연의 『삼국유사』에 깊은 관심을 쏟았다.

"삼국유사는 우리 민족의 역사적 전통을 일깨워 주었소."

당대의 대학자인 안향*도 일연의 노고를 치하했다.

일연은 1289년 6월에 병을 앓기 시작했다. 그의 나이 여든넷이었다.

7월 7일, 일연이 죽음을 예감한 그 날 밤에 절 뒤에 큰 별이 떨어졌다.

"오늘은 내가 갈 것이다."

7월 8일 새벽에 일연은 세수를 하고 나서 이렇게 말하고는, 주위에 몰려든 제자들과 문답을 나누었다.

"오늘이 액일은 아닌가 걱정했는데 다행히 7월 8일이어서 괜찮겠구나."

그리고 선문답 중에 이런 말을 덧붙였다.

> 안향은 고려의 명신으로, 성리학을 도입한 학자다. 안향이 원나라로부터 성리학을 도입해 왔을 때에 절대 진리로 포장되는 바람에, 수세기 동안 건전하고 다양한 이론들이 봉쇄되는 양상을 보였고, 고려 사회의 근대화에도 저해 요소가 되었다. 또한 자신이 거느린 노비를 개성에 있는 성균관에 보내어 성균관 유생들을 돕게 하였는데, 이 전통이 한양의 성균관에까지 이어져 조선 시대에는 반촌(성균관 노비촌)이 형성되기에 이르렀다.

"뒷날에 돌아오면 다시 여러분과 거듭 한바탕 흥겹게 놀겠다."

문답을 마친 일연은 홀연히 자리에서 일어났다.

"스님 어디 가십니까?"

제자들이 물었지만 일연은 아무 말없이 방으로 들어갔다. 그러고는 잠시 후에 작은 선상에 앉아 금강인을 맺고서 조용히 입적하였다.

"스님께서 입적하실 때에 오색 빛이 방 뒤로 일어서는데, 마치 그 끝을 하늘에 매달아 놓은 듯이 솟아올라 불이 타는 것처럼 환했어."

"그 위로는 흰구름이 흡사 지붕처럼 덮었어."

"스님의 표정이 너무 선명한 데다 몸에서 밝은 기운이 흘러, 마치 살아 계시는 것 같았어."

많은 제자와 승려들이 일연의 입적을 조용히 지켜보았고, 그 때에 일어난 기이한 일들은 오랫동안 많은 사람들의 입에 오르내렸다.

일연의 업적을 기리는 비석에는 입적의 순간을 이렇게 기록해 놓았다.

금강산의 구룡연
구룡연에 있는 구룡폭포는 개성의 박연폭포, 설악산에 있는 대승폭포와 더불어 조선 3대 폭포로 꼽히며, 폭포 절벽과 바닥이 한 화강암 덩어리로 이루어져 있다.

'기축 6월에 병이 들었다. 7월 7일, 왕께 올리는 편지를 손수 쓰고, 또 시자에게 명하여 상국(相國)인 염상익에게 보내는 편지를 작성하게 하여 이제 세상을 떠날 것임을 알렸다. 여러 스님들과 해가 기울도록 문답을 하였다. 이 날 밤, 한 자 정도 되는 큰 별이 방장의 뒤쪽에 떨어졌다.'

"일연 스님이 입적했다고? 참으로 안타까운 일이로다."

일연의 입적을 전해 들은 충렬왕은 몹시 슬퍼했다.

"스님은 어려운 고려를 위해 나타나신 부처님이셨다. 어둠이 가득한 고려 땅에 그 분의 광명이 있었기에 밝고 환했는데, 이제 그분이 가셨으니 누가 고려 땅에 부처님의 불을 밝혀주실 것인가."

충렬왕은 사람을 보내어 후히 장례를 치르게 했다.

군위군 고로면 화북리 화산에 있는, 동화사의 말사인 인각사에 보각국사 일연의 비가 세워진 것은 입적한 지 6년이 지난 1296년의 일이었다.

당대의 문인이었던 민지가 비문을 짓고, 일연의 제자인 죽허가 칙명을 받고서 진나라 왕희지의 글씨를 모아 집자했으며, 산립이 비의 음기(陰記)를 짓고, 조정의 도움을 받아 문인인 청분이 앞장서서 세운 것이다.

일연의 문풍은 광대하기 이를 데 없어서 음기에 기록된 문도만도 170여 명이 넘는데, 선사 및 대선사의 법계를 가진 고승이 41명, 당시의 대표적인 고관이 23명이었다.

왕희지의 글씨를 모아 새겼음에도 마치 그것이 일연의 비문을 위해 쓰인 것처럼 뜻이 완벽했다.

비석에 쓰인 글씨는 전국 방방곡곡으로 소문이 퍼졌고, 사람들이 다투어 탁본을 해 갔다.

"과거 시험에 나갈 때, 비석 조각을 가져가면 반드시 합격한다는군."

"조금만 떼어서 품에 넣고 가면 훨씬 마음이 든든할 거야."

많은 유생들이 비석을 조각내어 가져갔고, 결국 비석은 조선조 중엽에 이르러 거의 형체를 알아볼 수 없을 지경으로 망가졌다.

그러나 다행히 탁본이 남아 있어서 그나마 전모를 알 수 있을 따름이다.

일연은 50년 동안 사람들로부터 법도의 으뜸이라는 칭송을 받았다.

일연이 주석하는 곳마다 많은 사람들이 찾아와 모두 공경하고 사모하여, 그 문하에 참석치 못한 것을 부끄럽게 여길 정도였다고 한다.

  그러나 『삼국유사』는 책 이름이 그렇듯이 유사적인 성격으로 해석하고 있다.

  유사란 사가의 기록에서 빠졌거나 자세히 드러나지 않은 것을 표현하는 것이다.

  『삼국유사』는 『삼국사기』, 『해동고승전』 등 기존 사서에 대한 보족(補足)의 의미가 컸을 것으로 짐작된다. 일연은 특히 『삼국사기』에서 제외된 고대 문화에 깊은 애정을 가지고 있었다.

  고기 · 사지 · 금석문 · 사서 · 승전 · 문집 등을 광범위하게 수집하고, 자신이 직접 보고 듣고 발굴해낸, 민간에 전해 내려오는 수많은 설화와 전설들도 주요 자료로 제시하였다.

  『삼국유사』 중에서 일연의 역사 의식을 가장 잘 드러낸 것은 〈기이 편〉의 서문이다.

'대체로 성인이 예악으로 나라를 일으키고 인의로 가르침을 베푸는 데 있어, 괴력난신(怪力亂神)은 말하지 않는 바였다. 그러나 제왕이 장차 일어나려 함에 부명(符命)과 도록을 받아, 반드시 남과 다른 점이 있은 연후에야 능히 대변(大變)을 타고 대기(大器)를 쥐어 대업(大業)을 이룰 수 있었던 것인데, 삼국의 시조가 모두 신이한 데서 나왔다는 것이 무엇이 괴이하겠는가?'

『삼국유사』 전편에 걸쳐 그 저변을 이루는 신이(神異)는 일연이 가졌던, 가장 중요한 역사 인식이었다.

『삼국사기』가 합리적인 사실들을 주로 다루었다면, 『삼국유사』에는 역사적 사실에 대한 합리적 서술이 없는 것은 아니지만, 초인간적이라고 할 수 있는 이야기들을 적어 놓았다.

목어
목어가 처음 물고기 모양으로 만든 데 대해 전해지는 전설에 의하면 어느 날 스승이 배를 타고 바다를 지나갈 때, 한 마리의 물고기가 바다에서 나타나 전에 지었던 죄를 참회하며, 등에 자란 나무를 없애 주기를 애걸하므로, 스승이 수륙재를 베풀어 물고기 몸을 벗게 하고 그 나무로써 물고기 모양을 만들어 달아 놓고 스님들을 정신 차리게 꾸짖었다고 한다.

그러니까 『삼국유사』는 비합리주의를 정면으로 표방하고 나선 역사서라고 볼 수 있다.

일연이 그렇듯, 신이만을 적고자 한 의도는 당시의 유교적 사관을 비판하고자 하는 데도 그 목적이 있었다. 고려 후기에 접어들면서 유교의 도덕적 합리주의 사관이 풍미하게 되었고, 일연은 그 풍조에 대항하고 나섰던 것이다.

또한 역사적인 신이에 대한 기록은 우리 나라 고대사를 자주적인 입장에서 새로이 이해하려는 노력이기도 했다.

"우리 나라의 역사는 중국이 아닌 하늘과 연결되어 있다."

일연은 한국사의 기원에 대해 고조선에서 위만조선을 거쳐 마한으로 이어지는 체계를 세움으로써 그것이 오랜 역사적 전통을 지니고 있고, 또 신이한 것임을 자랑스럽게 기술했던 것이다. 원나라의 정치적 간섭이 불가피했던 무렵에 일연이 지니고 있었던 민족적 자주 의식이 그렇게 표출되었던 것이다.

"합리주의 사상만으로는 설명이 불가능한 신앙 세계는 비합리주의인 설화로써 설명해야 한다."

일연은 여러 설화를 통하여 그것이 의심할 나위 없는 역사적 사실이라는 증거를 제시하려 했던 것이다.

그러므로 『삼국유사』는 신화와 전설의 세계며, 신앙의 세계였다.

『삼국유사』는 활자본 5권 2책으로, 현재까지 고려 시대의 각본은 발견되지 않았다.

그리고 완본으로는 1512년(조선 중종 7)에 경주 부사인 이계복에 의하여 중간된 정덕본이 최고본이며, 그 이전에 판각된 듯한 영본이 전해진다.

김부식이 쓴 『삼국사기』와 더불어 현존하는 한국 고대 사적의 쌍벽으로, 『삼국사기』는 여러 사관에 의해 이루어진 정사인 반면, 『삼국유사』는 일연 혼자의 손으로 저술한 이른바 야사다.

그 중에서도 특히 고조선에 관한 서술은 한국의 반만년 역사를 내세울 수 있게 하고, 단군 신화는 단군을 국조로 받드는 근거를 제시하여 주는 기록이다.

이 밖에도 많은 전설과 신화가 수록된 설화 문화의 집대성이라고도 일컬어질 만하다.

특히 향찰로 표기된 혜성가 등 신라 향가 14수는 『균여전』에 수록된 11수와 함께 현재까지 전해 내려오는 향가로, 한국 고대 문학사의 실증에 있어서도 절대 가치를 지녔다.

  육당 최남선은 일찍이 『삼국유사』를 이렇게 평했다.

  "삼국사기와 삼국유사 중에서 하나를 택하여야 될 경우, 나는 서슴지 않고 후자를 택할 것이다."

'역사를 바꾼 인물·인물을 키운 역사' 기획 의도

성장기 어린이부터 청소년까지 역사는 떼려야 뗄 수가 없는 공부이다. 다른 나라 역사보다 우리 나라 역사를 더 알아야 한다는 것도 분명한 사실이다. 역사를 이끌고 가는 것은 인물이다. 역사를 이로운 길로 이끈 인물이건 나쁜 길로 이끈 인물이건 역사에서 인물이란 빼놓을 수 없는 존재다. 한 인물로 인해 역사의 흐름이 바뀌는 경우도 많고, 역사로 인해 한 인물이 탄생하는 경우도 많다. 그만큼 역사를 제대로 알려면 그 시대의 중요한 인물을 알아야 하고, 인물을 통해 역사를 읽을 수 있는 안목을 키워야 한다.

인물 이야기는 이야기 속에 그 사람 삶의 모습이 진솔하게 담겨 있어야 할 뿐만 아니라, 인간으로서의 고뇌와 절망을 극복해 나가는 모습도 모두 함께 담겨 있어야 한다. 또 그 사람의 행동은 당시 사회 상황에서 규정되기 때문에 당시의 상황 속에서 그 인물을 관찰할 수 있어야 한다.

'역사를 바꾼 인물·인물을 키운 역사'는 어린이는 물론이고 청소년, 그리고 일반인들까지 부담 없이 읽고 폭넓게 공감할 수 있는 내용으로 엮는 것을 최우선 방향으로 잡았다.

인물 이야기는 백과사전이 아니다. 한 사람을 역사 속에서 바라보는 것이다. 제대로 쓰인 인물 이야기가 아니면 의미가 없다. 시대와

장소를 초월해서 하늘이 내린 인물이나 신적인 존재로 그려진 그런 인물 이야기가 아니라, 인간적인 냄새가 물씬 풍기는, 제대로 쓰인 인물 이야기가 필요할 때다.

또한 역사는 결코 지난날의 이야기가 아니다. 현재는 물론이고 미래에도 언제든지 새롭게 발견되고 새롭게 해석될 가능성이 많다. 특히 우리의 역사는 오랜 세월 동안 왜곡되고 사라진 부분이 많은 만큼 연구할 부분이 많을 수밖에 없다.

또한 우리 역사의 국통을 아는 것은 단순히 과거를 아는 것이 아니다. 우리 민족이 섬겨 왔던 조물주의 창조 섭리, 인간이 어떻게 태어나고 어떻게 봄·여름·가을·겨울을 살아왔느냐 하는 삶의 과정과 역사의 깊은 섭리를 아는 것이다.

그러자면 여러 가지 학설과 주장을 두루 듣고 연구해서 진실에 가까운 역사를 찾아내는 것이 무엇보다 중요하다. 또한 한 인물을 제대로 이해하려면 무엇보다 그 시대의 역사를 제대로 이해해야 하고, 역사를 이해하려면 그 시대를 움직인 인물을 제대로 이해하려는 노력이 필요하다.

참조문헌 두산동아백과사전 / 위키백과사전
신편 고려사절요〈신서원 출판사〉 / 고려왕조실록〈웅진출판사〉

푸른 연꽃
-일연-

초판 1쇄 발행	2010년 03월 30일
글	역사·인물 편찬 위원회
펴낸이	이영애
디자인	장원석·김재영
책임 교열	이소연
표지 그림	박경민
사진협조	이수용(수문출판사) / 경상북도청 / 경상남도청 / 충청남도청 충청북도청 / 경주시청 / 위키백과 / 오픈애즈
펴낸곳	역사디딤돌
출판등록	2009년 3월 23일 제312-2009-000020
주소	서울특별시 양천구 목2동 504-17번지
전화	(070)7690-2292
팩스	(02)6280-2292
E-mail	123pen@naver.com
ISBN	978-89-93930-24-5 978-89-962557-9-6(세트)

잘못된 책은 서점에서 교환해 드립니다. 저저와 협약에 의해 인지는 생략합니다.
신저작권법에 의하여 보호를 받는 저작물이므로 무단 전재와 복제를 금합니다.

"뒷날에 돌아오면 다시 여러분과 거듭 한바탕 흥겹게 놀겠다."
일연이 열반에 들기 전에 남긴 마지막 말이다.
몽골의 고려 복속 정책이 급속도로 진행되던 13세기 말, 몽골의 잦은 침략은 고려의 땅과 백성들만 짓밟은 게 아니었다. 면면이 이어 오던 한반도의 역사까지도 말살시키려 했다. 오랜 전쟁으로 백성들은 민족의 자긍심을 잃은 지 오래였고, 우리의 역사와 문화에 대해 새로운 기반을 마련하는 것이 무엇보다 절실했다.
소걸음에 호랑이 눈빛을 지녔던 일연은 1227년에 승과의 선불장에 응시하여 장원을 했다. 그리고 몽골의 침략이 한창 진행되고 있을 때, 조정으로부터 삼중대사의 승계를 받고 선사에 올랐다. 1249년에는 남해의 정림사로 옮겨 가 대장경 주조 작업에 참여했을 것으로 짐작되기도 한다.

- 머리말 중에서